Titel der französischen Ausgabe:
L'encyclopédie de l'imagerie. La classe poussin

7Hill, 2011
7Hill ist ein Imprint der Tandem Verlag GmbH

Gesamtherstellung: Tandem Verlag GmbH
ISBN 978-3-8331-5946-6

10 9 8 7 6 5 4 3 2

BILDERLEXIKON

Idee:
Jacques Delaroche

Text:
Emilie Beaumont

Illustrationen:
Marie-Anne Didierjean
Isabella Misso
Valérie Pettinari
Colette Hus-David

Aus dem Französischen von
Caroline Lerch

7HILL

Inhalts

Der Körper

Das Leben der Menschen

In der Stadt

Der Verkehr

verzeichnis

Die Erde

Die Natur

Die Tiere

Die Geburt

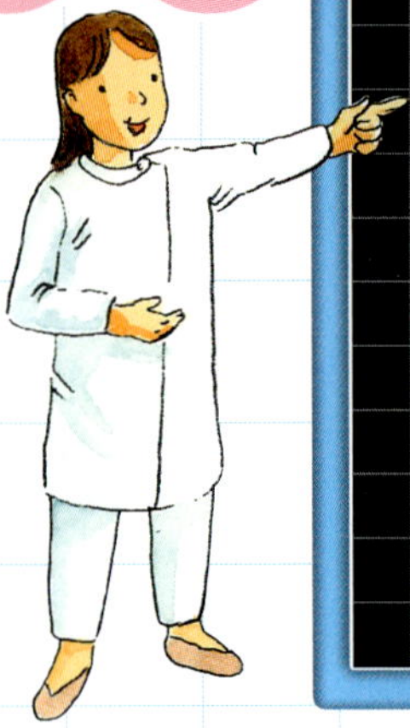

Wenn Mama ein Baby erwartet, ist sie schwanger. Die Schwangerschaft dauert neun Monate. Ein Arzt kontrolliert regelmäßig die Gesundheit von Mutter und Kind.

In Mamas Bauch lebt das Baby in einer Art Blase, der Gebärmutter, die mit Flüssigkeit gefüllt ist. Sie schützt das Kleine und sorgt für eine gleich bleibende Temperatur. Das Baby ist über eine Schnur mit der Gebärmutterwand verbunden. Über diesen Weg wird es ernährt, sodass es wachsen und gedeihen kann.

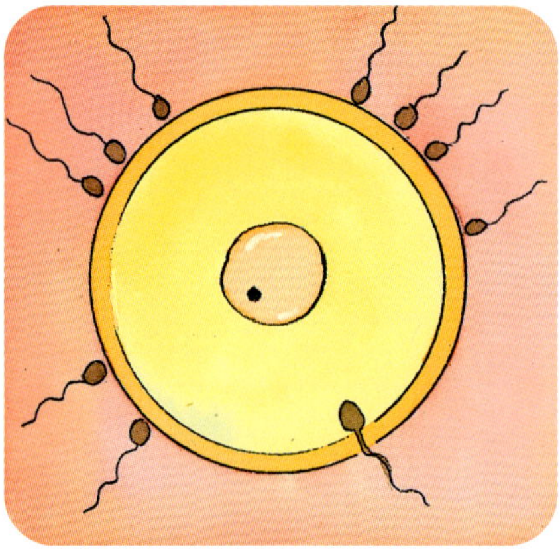

Die Samenzellen legen einen langen Weg bis zur Eizelle zurück. Nur eine Samenzelle kann in die Eizelle eindringen.

Wenige Stunden nach der Befruchtung beginnt das Ei sich zu teilen. Ein neues Leben entsteht.

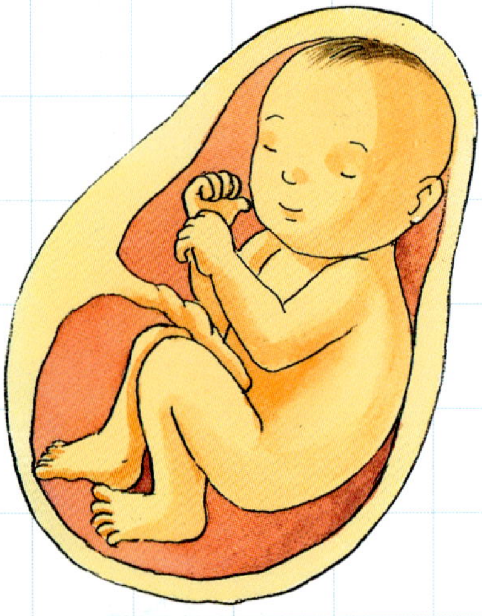

Nach der Geburt wird die Schnur direkt über dem Bauch abgeschnitten. Die Narbe bildet den Nabel.

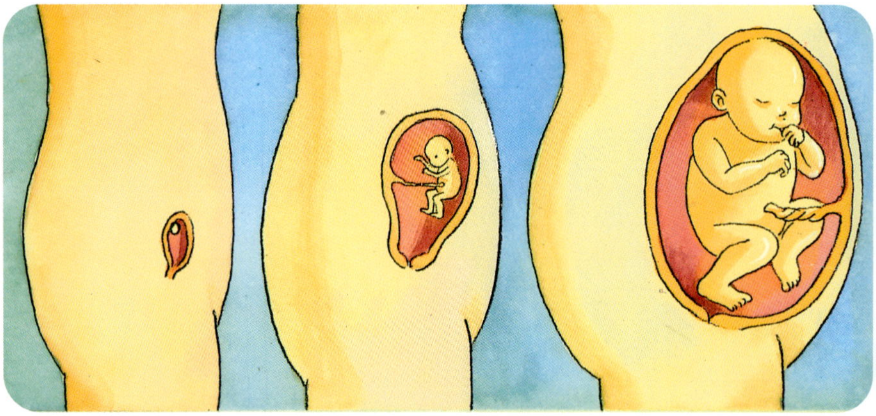

Mit zwei Monaten sind die Anlagen für alle wichtigen Organe vorhanden. Mit drei Monaten entwickeln sich Finger, Zehen und Geschlecht. Jetzt muss das Baby nur noch wachsen. Mit vier Monaten bewegt es sich zum ersten Mal. Im achten Monat dreht es sich mit dem Kopf nach unten.

Wie lange dauert Mamas Schwangerschaft?

Wenn Mama und Papa ein Baby zeugen, haben sie sich sehr lieb und sind sehr zärtlich zueinander. Papa führt seinen Penis in Mamas Scheide ein und seine Samenzellen, die Spermien, wandern zu Mamas Eizelle. Damit ein Baby entstehen kann, müssen Papas Samenzelle und Mamas Eizelle aufeinander treffen und miteinander verschmelzen.

In Mamas Bauch

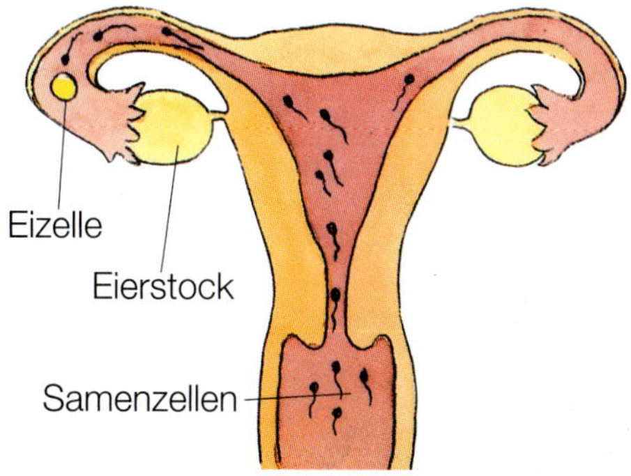

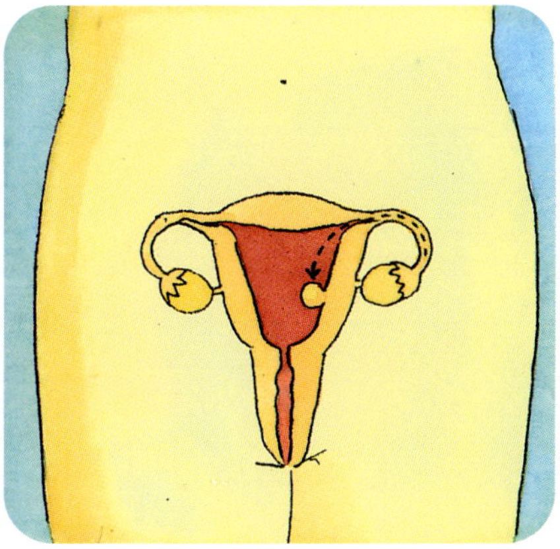

Die befruchtete Eizelle bewegt sich Richtung Gebärmutter und setzt sich dort fest.

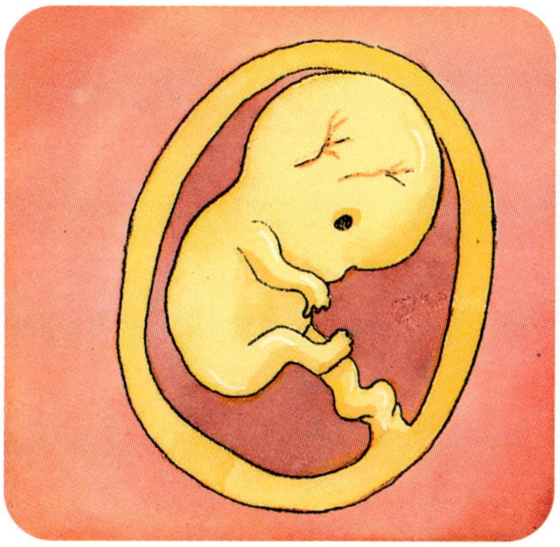

Mit fünf Wochen ertönt der erste Herzschlag. Arme, Beine und Augen bilden sich aus und das Skelett entsteht.

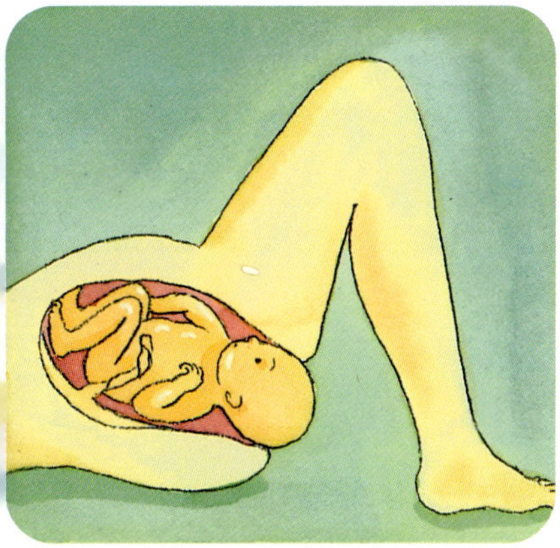

Gegen Ende des neunten Monats ist Mamas Bauch riesengroß. Bei der Geburt verlässt das Baby den Bauch durch Mamas Scheide.

Nach der Geburt stößt das Baby seinen ersten Schrei aus. Auf Mamas Bauch fühlt es sich geborgen.

Zwillinge

Manchmal kommen zwei Babys gleichzeitig zur Welt. Wenn sie aus einer einzigen Eizelle stammen, sind es eineiige Zwillinge. Sie gleichen sich aufs Haar.

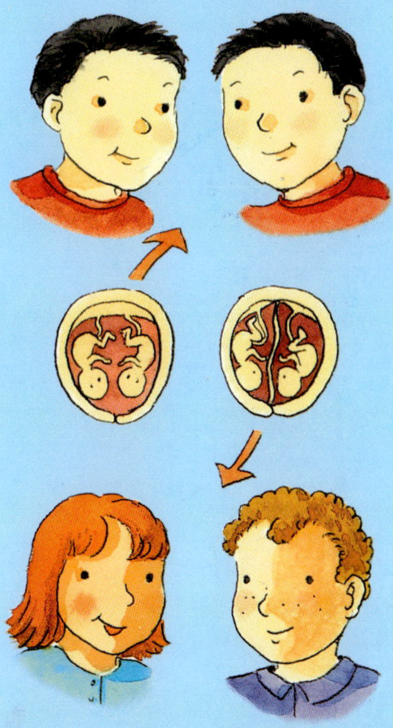

Wenn sich die Babys aus zwei verschiedenen Eizellen entwickeln, sind es zweieiige Zwillinge. Diese sehen sich nur ähnlich.

Der Körperbau

Auf der Erde leben Milliarden von Menschen, die alle unterschiedlich aussehen: Es gibt große und kleine, dicke und dünne Leute. Aber alle haben die gleichen Knochen und Muskeln.

Die Haut bedeckt den ganzen Körper und wehrt Krankheitserreger ab. Die Haare schützen den Kopf vor Kälte und starker Sonneneinstrahlung.

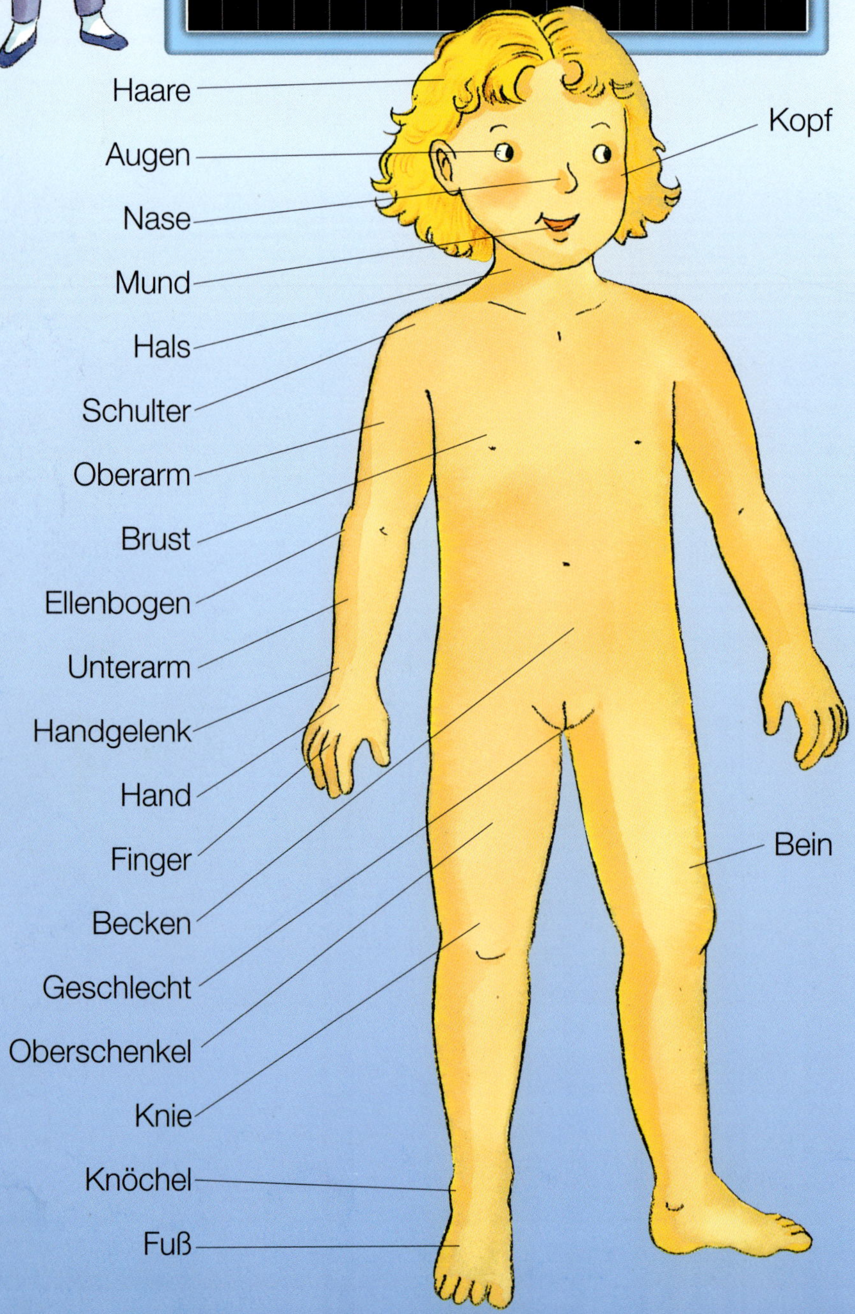

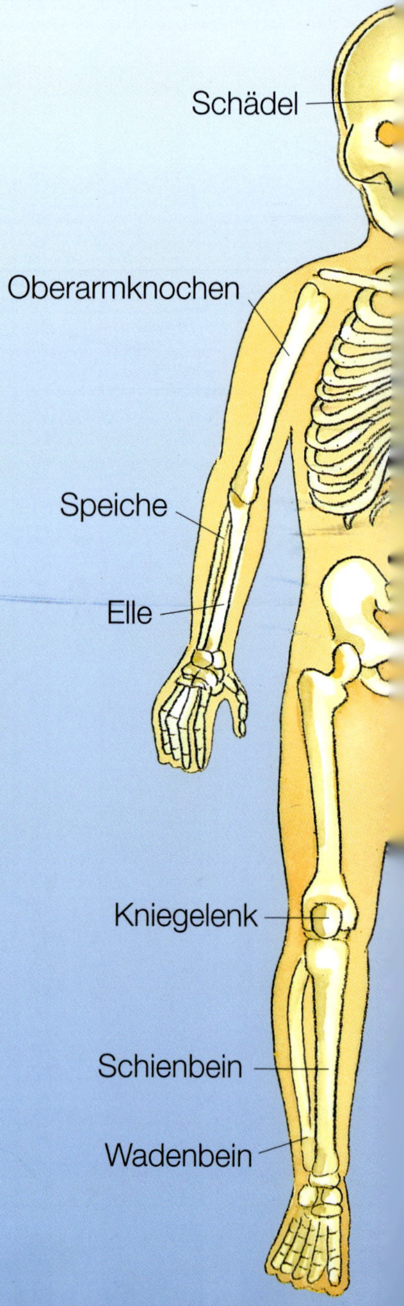

Alle Knochen zusammen ergeben das ...?

Das Skelett besteht aus rund 206 Knochen, die den Körper stützen. Durch sie können wir laufen, tanzen und aufrecht stehen. Manche Knochen sind lang, andere klein oder rund. Sie schützen empfindliche Organe wie zum Beispiel die Lunge. An den Gelenken sind die Knochen miteinander verbunden.

Die Knochen sind von Muskeln umgeben, die es uns ermöglichen, die Arme zu heben, uns zu bücken, uns aufzurichten, den Kopf zu drehen oder Lasten zu tragen. Die längsten Muskeln befinden sich in den Beinen.

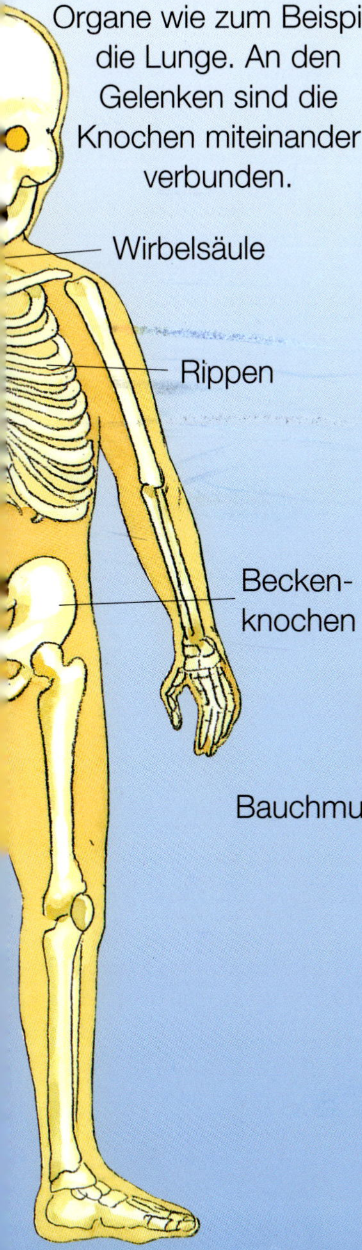

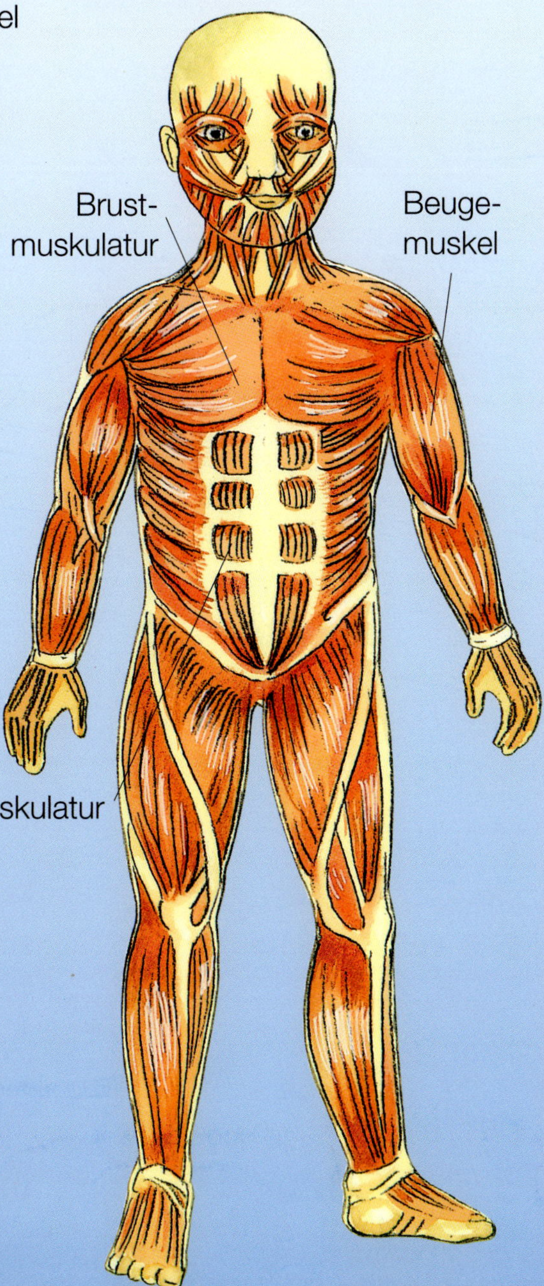

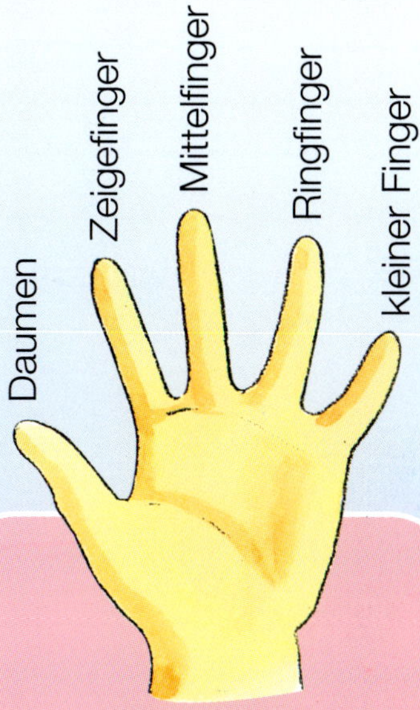

Die Finger

Die Fingerspitzen sind durch Nägel geschützt. Die Nägel muss man regelmäßig säubern und schneiden.

Menschen haben unterschiedliche Hautfarben. Manche haben schwarze, andere weiße oder gelbe Haut. Auch die Haarfarben unterscheiden sich: blond, braun, schwarz oder rot.

Die Organe

Gehirn, Herz, Leber, Magen, Darm, Lunge und Nieren sind Organe. Sie steuern die Körperfunktionen. Das Gehirn ist die Schaltzentrale. Es kontrolliert alles, was wir machen.

Das Herz ist unser wichtigstes Organ. Es sitzt zwischen den Lungenflügeln und ist so groß wie eine Faust. Es hört auch nachts nicht auf zu schlagen.

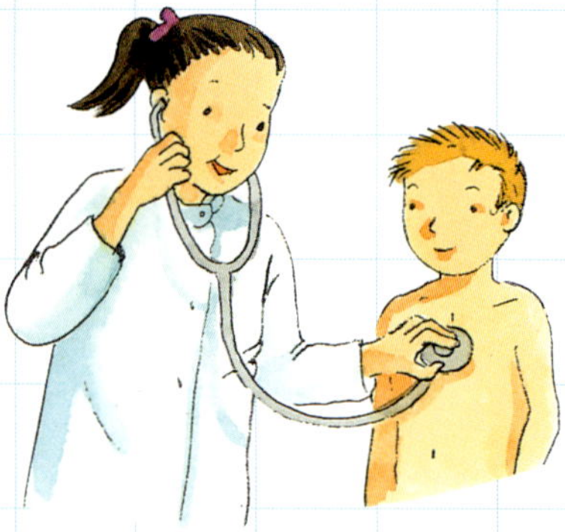

Bei jedem Herzschlag wird Blut in den Körper gepumpt. Es versorgt den Organismus mit Sauerstoff und anderen Nährstoffen. Das Blut fließt durch kleinere und größere Adern: die Venen und Arterien.

Die Lunge ist in den Brustkorb eingebettet. Durch sie können wir atmen und Sauerstoff aufnehmen. Wir atmen ständig. Aber je nachdem, was wir tun, atmen wir mal schneller und mal langsamer. Die Luft strömt durch die Luftröhre in die Lunge ein und wieder heraus.

Die Luft, die wir einatmen, enthält viel Schmutz. Auto- und Industrieabgase sind sehr gesundheitsschädlich.

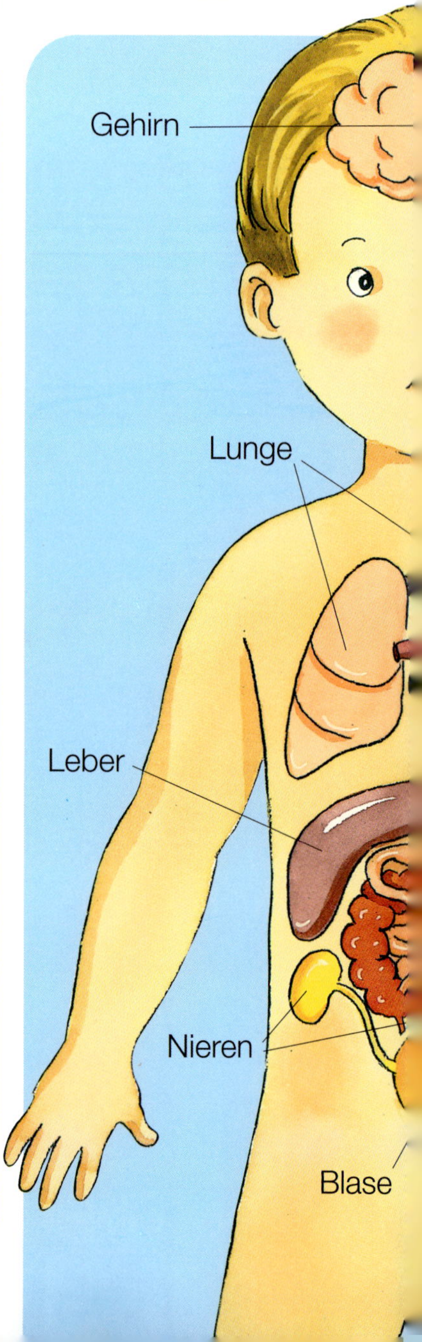

Zähle einige Organe auf!

Das Gehirn ist ein gut ausgebildetes Organ und arbeitet Tag und Nacht. Die Schädeldecke schützt es nach außen. Über die Nerven ist es mit allen Körperteilen verbunden. Das Gehirn steuert alle Bewegungen, vom Laufen bis zum Lidschlag. Es überwacht Herzschlag und Atmung, auch wenn man schläft. Durch das Gehirn kann man Gerüche und Geräusche erkennen.

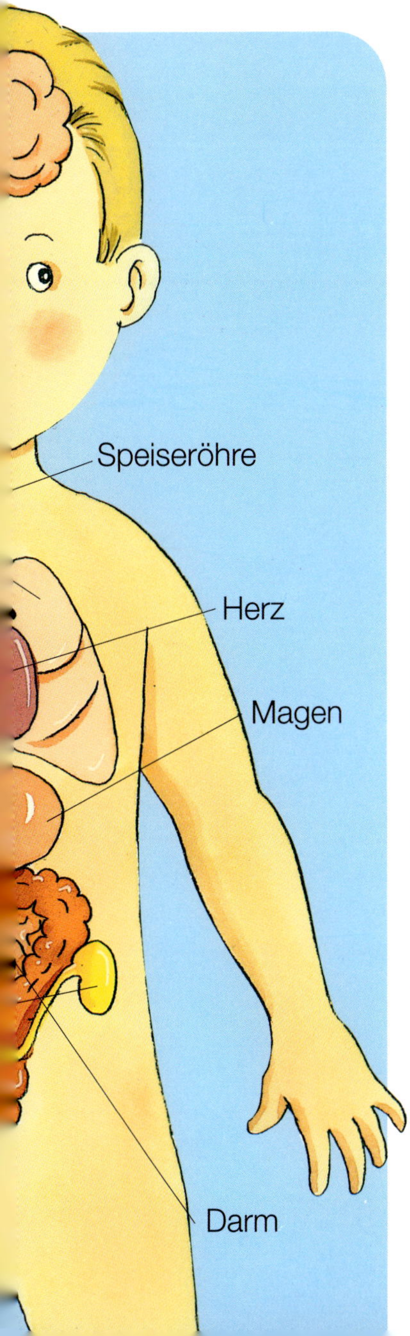

Der Verdauungsapparat zersetzt die Nahrung so, dass unser Körper sie aufnehmen kann. Die Zähne zerkleinern das Essen zu einer dickflüssigen Masse, die über die Speiseröhre in den Magen gelangt. Dort wird sie weiter verflüssigt und in den Dünndarm geleitet. Die Nährstoffe aus dem Nahrungsbrei wandern jetzt ins Blut. Die übrig bleibende Masse erreicht den Dickdarm und wird ausgeschieden.

Der Harnkreislauf besteht aus zwei Nieren und der Blase. Eine Niere hat die Form einer Bohne und ist fast so groß wie eine Faust. Der Körper produziert Abfallstoffe, die über das Blut in die Nieren gelangen. Daraus bildet sich Urin, der in der Blase gesammelt wird. Wenn die Blase voll ist, spürt man einen Druck. Pipi kann man schwer zurückhalten. Man sollte nicht zu lange warten, wenn man auf die Toilette muss.

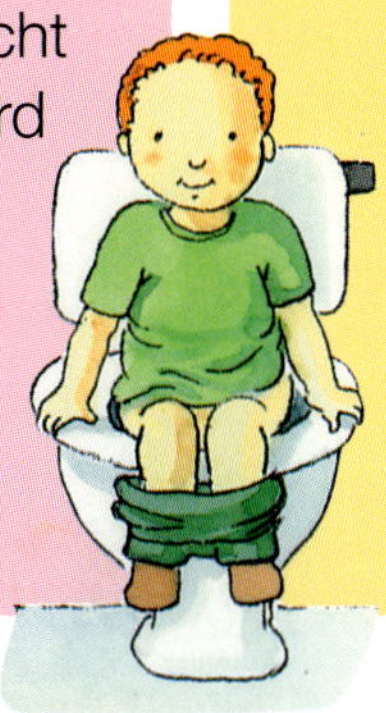

Die fünf Sinne

Zu jedem der fünf Sinnen gehört ein bestimmtes Sinnesorgan: zum Sehsinn die Augen, zum Geruchssinn die Nase, zum Tastsinn die Haut, zum Hörsinn die Ohren und zum Geschmackssinn die Zunge.

DER SEHSINN

Jeder Mensch hat zwei Augen, die normalerweise gleichfarbig sind. Sie werden durch die Lider, die Brauen und die Wimpern geschützt. Die Tränen bewahren die Augen vor dem Austrocknen.

Wenn man schlecht sieht, trägt man eine Brille oder Kontaktlinsen.

DER HÖRSINN

Mit den Ohren nehmen wir leise und laute Töne wahr. Taube Menschen können nichts hören.

Sehr laute Geräusche sind gefährlich. Sie können das Ohreninnere beschädigen und zur Gehörlosigkeit führen.

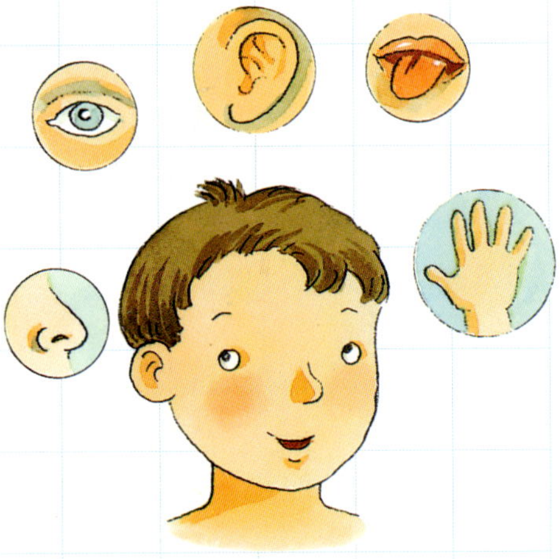

Das Gehirn verarbeitet die Informationen, die wir über unsere fünf Sinne erhalten. Wenn man zum Beispiel einen glühenden Gegenstand berührt, gibt das Gehirn sofort den Befehl die Hand zurückzuziehen.

Welche Sinn

Mmh, ist das lecker!

Das ist feucht!

Mit welchem Sinnesorgan nehmen wir Wärme wahr?

DER GERUCHSSINN

Mit der Nase nehmen wir angenehme und unangenehme Gerüche wahr. Kuchenduft macht hungrig, der Geruch von verdorbenem Fleisch verdirbt den Appetit, der Geruch von Gas warnt: Hier droht Gefahr.

Durch die Nasenlöcher gelangen Luft und Gerüche in die Nase auf.

DER GESCHMACKSSINN

Mit der Zunge kann man den Geschmack des Essens feststellen:

Ist das Essen warm oder kalt?

DER TASTSINN

Die Haut sagt uns, wie sich etwas anfühlt:

ehören zu den folgenden Sätzen?

Körperpflege und Gesundheit

Zur täglichen Körperpflege gehört Duschen oder Baden. So werden Krankheitserreger entfernt, die zum Beispiel zu Hautausschlag führen können.

Warum muss man sich jeden Tag waschen?
Weil der Körper sowohl am Tag als auch in der Nacht Schweiß produziert. Ist der Schweiß getrocknet, entsteht ein unangenehmer Geruch. Deshalb sollte man auch täglich die Unterwäsche wechseln.

Damit die Zähne gesund bleiben, ist es wichtig sie regelmäßig zu putzen und ausreichend Fisch, Käse und Milch zu essen. Einmal im Jahr ist der Kontrollbesuch beim Zahnarzt fällig.

Wenn die Haare fettig sind, müssen sie mit einem milden Haarshampoo gewaschen werden.

Nach jeder Mahlzeit sollte man die Zähnen putzen, damit kein Karies entsteht. Das sind Löcher im Zahnschmelz.

Manchmal haben Kinder Läuse. Die aufdringlichen Tierchen sollten schnellstens bekämpft werden.

Vor dem Essen wäscht man sich die Hände, um Schmutz und Krankheitserreger zu entfernen.

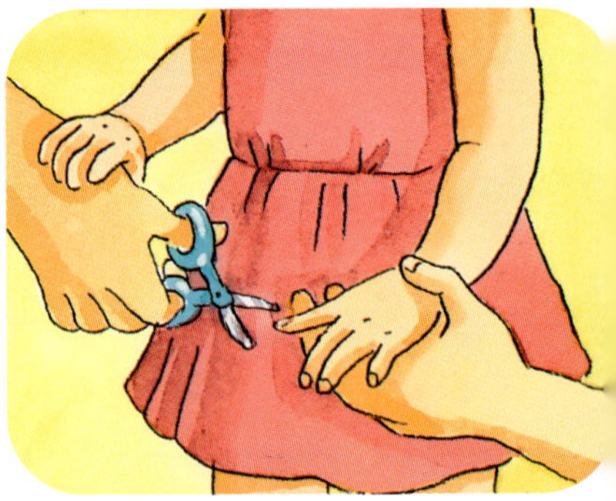

Die Fingernägel müssen regelmäßig geschnitten werden So können sich keine Krankheitserreger ansammeln

Weshalb wäscht man sich vor dem Essen die Hände?

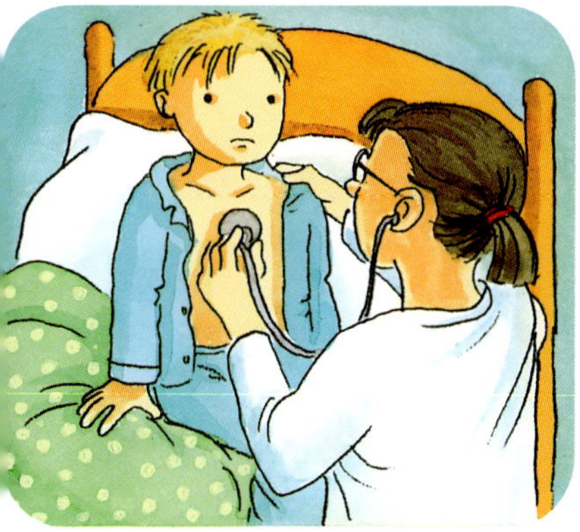

Die Gesundheit

Ausgewogenes Essen und ausreichender Schlaf sind wichtig für die Gesundheit. Bestimmte Krankheiten treten vor allem bei Kindern auf. Zu diesen so genannten Kinderkrankheiten zählen zum Beispiel Scharlach und Mumps.

Wenn man krank ist, lässt man sich von einem Arzt untersuchen. Dazu kann man in seine Praxis gehen oder ihn um einen Hausbesuch bitten. Mit einem Stethoskop hört er Herz und Lunge ab. Meistens verschreibt er Medikamente.

In der Apotheke kann man die Medikamente kaufen. Auf dem Rezept steht, welche man benötigt.

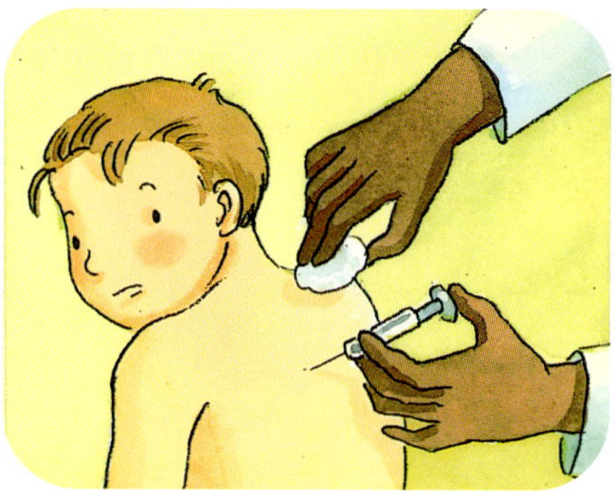

Zur Vorbeugung gegen bestimmte Krankheiten kann man sich impfen lassen. Keine Angst, es tut nicht weh!

Wenn man sich verletzt, muss man sofort die Wunde säubern, damit sie sich nicht entzündet.

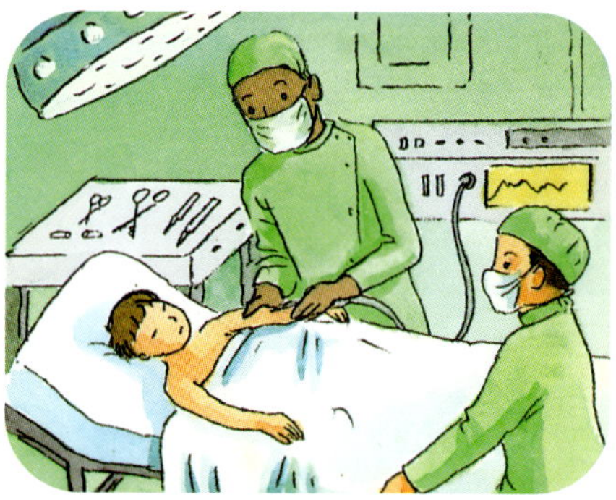

Wenn man sich die Mandeln herausoperieren lässt, bekommt man eine Narkose. So spürt man gar nichts.

Der Augenarzt prüft, wie gut man sieht. Dabei soll man aus einer bestimmten Entfernung Formen und Buchstaben erkennen. Bei einer Sehschwäche muss man eine Brille tragen.

Wenn man stürzt, kann es sein, dass man sich einen Knochen bricht. Eine Röntgenaufnahme zeigt die Bruchstelle. Man bekommt einen Gips, damit der Knochen ruhig gestellt ist und wieder zusammenwachsen kann.

Essen und Schlafen

Wenn du prima in Form sein und in der Schule gute Leistungen bringen willst, musst du regelmäßig und gesund essen. Genug Schlaf ist wichtig, damit sich der Körper von den Anstrengungen des Tages erholen kann.

Frühstück, Mittagessen und Abendessen sind die drei Hauptmahlzeiten. Wenn man noch klein ist, gibt es am Nachmittag häufig eine Zwischenmahlzeit. Nur eine ausgewogene Ernährung hält unseren Körper gesund.

Um tagsüber fit zu bleiben und um wachsen zu können, braucht der Körper Nudeln, Brot, Kartoffeln, Milch, Butter, Fleisch und Fisch. Für unsere Organe sind besonders Vitamine unerlässlich. Diese befinden sich in Obst und Gemüse.

Weshalb braucht der Körper Nahrung?

So wie ein Auto Benzin braucht, um zu fahren, braucht der Körper Nahrung, um zu leben.

Ein gutes Frühstück ist wichtig. Denn nach der langen Nacht braucht der Körper Energie, um voller Kraft in den Tag zu starten.

Eine ausgewogene Mahlzeit besteht aus einem kleinen Salat, aus Fleisch oder Fisch mit Gemüsebeilage, einem Jogurt oder einem Stück Käse und einem Nachtisch. Chips, Würste, Kuchen und süße Getränke dagegen schaden der Gesundheit.

Wie heißt die erste Mahlzeit am Tag?

Die Mahlzeiten sind Momente der Ruhe und Entspannung. Deshalb sollte bei Tisch nicht gespielt oder gestritten werden. Jeder bleibt an seinem Platz sitzen, bis er aufgegessen hat.

Zwischen den Mahlzeiten sollte man nichts essen. Der Magen hat sonst keine Zeit sich auszuruhen. Wenn man zu wenig isst, magert man ab. Isst man zu viel, wird man dick.

Der Schlaf

Nach dem Abendessen werden die Augen ganz klein und du musst gähnen. Nun ist es Zeit schlafen zu gehen. Vielleicht erzählt dir Mama oder Papa noch eine Gutenachtgeschichte?

Wenn man klein ist, braucht man besonders viel Schlaf, denn der Körper wächst noch und verändert sich. Frühes Zubettgehen und ein kleines Nickerchen am Nachmittag bringen die nötige Erholung.

Wenn du dich im Dunkeln fürchtest oder Angst vor fremden Geräuschen hast, dann tröstet dich dein Schmusetier. Mit dem Teddy im Arm bist du nicht allein.

Auch im Schlaf arbeitet das Gehirn. Es beschert uns schöne, manchmal auch Furcht erregende Träume. Morgens können wir uns meistens an nichts mehr erinnern.

Die Lebensalter

Unser Körper verändert sich das ganze Leben lang. Zwischen Geburt und Erwachsenenalter finden die meisten Entwicklungen statt. Danach hört man auf zu wachsen. Erst im Alter von 40 Jahren verändert sich der Körper wieder.

Der Körper wächst, bis man ungefähr 20 Jahre alt ist. Ein Baby misst bei seiner Geburt um die 50 Zentimeter, ein vierjähriges Kind ist doppelt so groß. Ein Erwachsener misst im Durchschnitt 1,75 m. Manche Menschen sind größer, andere kleiner. Mit 60 Jahren beginnt der Körper zu schrumpfen und der Rücken beugt sich.

Kinder wachsen sehr schnell. Jedes Jahr nehmen sie sichtlich an Gewicht und Größe zu.

Ein Säugling schläft am Tag und in der Nacht. Wenn er Hunger hat oder die Windeln voll sind, schreit er.

Mit zwei Jahren kann sich das Kleinkind verständlich machen. Es beginnt zu sprechen.

Mit drei Jahren braucht es keine Windeln mehr, kann schon gut sprechen und geht in den Kindergarten.

Mit ungefähr 13 Jahren wachsen den Jungen Haare am Körper und ihre Stimme wird tiefer.

Der Körper der Jungen entwickelt sich bis zu einem Alter von ungefähr 20 Jahren weiter. Dann ist man erwachsen.

In welchem Alter beginnt ein Kind zu laufen?

Mit sechs Monaten kann das Baby sitzen und nach seinen Spielsachen greifen. Es bekommt die ersten Milchzähne.

Mit sieben und acht Monaten krabbelt das Baby und versucht sich aufzurichten. Aus Bauklötzen baut es Türme.

Mit zwölf Monaten versucht das Kleinkind ohne Hilfe zu laufen und spricht schon ein paar Worte nach. Es ist ungefähr 70 Zentimeter groß.

Mit sechs Jahren kommt man in die Schule. Dort lernt man lesen, schreiben und rechnen.

Mit sieben Jahren hat das Kind viele Hobbys. Es treibt Sport und spielt mit seinen Freunden.

Mit ungefähr elf Jahren entwickeln sich die Brüste der Mädchen. Ihre Formen werden runder.

Im Alter von 20 bis 30 Jahren wächst der Körper nicht mehr, doch die Muskeln formen sich weiter.

Im Alter von 45 bis 50 Jahren setzt der Körper Gewicht an und die Haare können grau werden.

Im Alter von 50 bis 60 Jahren bekommt man immer mehr Falten. Jetzt ist es wichtig sich fit zu halten.

So verläuft ein Tag

Der Tag beginnt mit dem Aufstehen und endet mit dem Zubettgehen. Unter der Woche gehst du in die Schule oder in den Kindergarten und du musst früh aufstehen. Am Wochenende kannst du ausschlafen.

Die Woche

Eine Woche hat sieben Tage. Der Samstag und der Sonntag bilden das Wochenende. Am Montag beginnt eine neue Woche.

Der Tag ist in verschiedene Tageszeiten unterteilt. Der Vormittag beginnt bei Sonnenaufgang und endet mittags.

Zwischen Mittag und Abend liegt der Nachmittag.

Am Abend neigt sich der Tag seinem Ende zu.

Die Nacht beginnt mit Sonnenuntergang und endet bei Sonnenaufgang.

Es ist Morgen. Du stehst auf und erledigst im Bad deine Morgentoilette.

Nach einem guten Frühstück ziehst du dich an und gehst in die Schule oder den Kindergarten.

Am Nachmittag kannst du dich mit deinen Freunden auf dem Spielplatz austoben.

Nach dem Spielen ist es Zeit für ein Bad. Frisch gewaschen schlüpfst du in den Schlafanzug.

An welchen Tagen gehst du nicht zur Schule?

1	Montag	2	Dienstag	3	Mittwoch	4	Donnerstag	5	Freitag	6	Samstag und Sonntag	7
	Schule		Schule		Schule		Schule		Schule		frei	

Den ganzen Vormittag findet Unterricht statt. Du lernst neue Dinge, zeichnest und musizierst.

Mittags isst du zu Hause oder in einem Kinderhort, wenn deine Eltern nicht daheim sind.

Abends versammelt sich die ganze Familie zum Essen um den Tisch. Alle sind fröhlich und entspannt.

Nach dem Abendessen ist es Zeit ins Bett zu gehen. Ein dicker Kuss und schon bist du eingeschlafen.

Morgens, mittags, nachmittags oder abends? Wann

spielst du mit Freunden?

•

nimmst du ein Bad?

•

ziehst du dich an?

•

gehst du zur Schule?

•

gehst du zu Bett?

•

frühstückst du?

•

erledigst du die Morgentoilette?

•

isst du zu Mittag?

•

isst du zu Abend?

Die Familie

Zu einer Familie gehören Vater, Mutter, Kinder, Enkelkinder, Großeltern, Urgroßeltern, Onkeln, Tanten, Cousins, Cousinen, Neffen und Nichten.

Nicht alle Familien bestehen aus so vielen Familienmitgliedern wie die rechts abgebildete Familie. Manchmal lassen sich Papa und Mama scheiden oder ein Elternteil ist nicht mehr am Leben. Dann wachsen die Kinder nur bei Mama oder nur bei Papa auf.

DIE

DIE GROSSELTERN

Opa Johann und Oma Anna sind Papas Eltern.

DI

Papa ist Mamas Ehemann.

Wie heißen die Großeltern von Stefanie und Alexander?

Tom ist der Cousin von Stefanie und Alexander.

Lauras Eltern sind die Schwiegereltern ihres Mannes Christoph.

Christophs Eltern sind die Schwiegereltern seiner Frau Laura.

Kannst du die Namen der Familienmitglieder von Stefanie und Alexander durch die Namen deiner eigenen Familie ersetzen?

ELTERN

Mama ist Papas Ehefrau.

DIE GROSSELTERN

Opa Peter und Oma Maria sind Mamas Eltern.

Christina ist Lauras Schwester. Sie ist die Tante von Stefanie und Alexander. Ihr Ehemann Karim ist der Onkel.

Kindergarten und Schule

Alle Kinder gehen zuerst in den Kindergarten und dann in die Schule. Mit sechs Jahren besucht man die Grundschule, später die Hauptschule, die Realschule oder das Gymnasium.

Im Kindergarten

Im Kindergarten kann man malen, basteln und spielen. Man lernt einander zuzuhören, sich auszudrücken und mit anderen Kindern auszukommen.

In der Grundschule braucht man einen Schulranzen für Bücher, Hefte und das Mäppchen.

Im Mäppchen bewahrt man Bleistifte, Füller und den Radiergummi auf. Mit dem Lineal kann man gerade Linien ziehen. Den Malkasten benutzt man in der Zeichenstunde.

Mit der Kindergärtnerin und den anderen Kindern entdeckt man neue Spiele und Basteleien. Gutes Zuhören ist da wichtig. In den Pausen spielen alle im Garten.

Basteln, Zeichnen und Musizieren wecken die Fantasie. In jedem steckt ein kleiner Künstler.

Mittags gehen die Kinder zum Essen nach Hause oder werden im Kindergarten verpflegt.

Mit wie viel Jahren besucht man die Grundschule?

In der Grundschule

Mit sechs Jahren wird man eingeschult. Man lernt lesen, rechnen, schreiben und vieles mehr. Es macht Spaß seine neuen Hefte in einen schönen Schulranzen zu ordnen.

Im Unterricht hört man der Lehrerin zu und versucht ihre Fragen zu beantworten. Man bleibt ruhig sitzen und stört die Mitschüler nicht. Am Nachmittag werden die Hausaufgaben erledigt.

In der Lesestunde lernt man Buchstaben und Silben kennen und übt sie auszusprechen.

Zuerst lernt man einzelne Buchstaben zu schreiben, dann ganze Wörter und Sätze.

Man lernt bis 20, bis 30 und immer weiter zu zählen. Dann werden Rechenaufgaben gemacht.

Wenn man größer ist, hat man Unterricht in Geschichte, Erdkunde und Biologie.

Wenn der Kunst- und Musikunterricht stattfindet, kann sich die Kreativität entfalten.

Im Sportunterricht werden Ausdauer und Geschicklichkeit trainiert. Man macht Ballspiele und Geräteturnen.

Berufe

Als Erwachsener muss man einen Beruf ergreifen. Man arbeitet in einer Firma, in einem Geschäft oder bei sich zu Hause. Man ist angestellt oder selbstständig. Es ist wichtig einen Beruf zu wählen, der einem Spaß bereitet.

Die Berufswahl ist oft nicht leicht. Für Berufe wie Tierarzt oder Flugpilot muss man lange studieren. Möchte man Tänzer werden, braucht man viel Talent und Glück. Für manche Berufe gibt es spezielle Fachschulen.

Umwelt

Land- und Viehwirt, Weinbauer, Gärtner, Förster, Umweltingenieur, Landschaftsarchitekt…

Baugewerbe

Maurer, Maler, Fliesenleger, Schreiner, Elektriker, Installateur, Bauleiter, Architekt…

Handel

Metzger, Fischhändler, Bäcker, Konditor, Floristin, Verkäuferin, Kassierer...

Hotelgewerbe

Koch, Kellner, Portier, Weinkellner, Barkeeper, Küchenhilfe...

Forschung

Wissenschaftler auf vielen Gebieten: Physik, Biologie, Chemie, Medizin...

Kunst

Bildhauer, Maler, Musikerin, Dirigent, Tänzerin, Regisseur, Bühnenbildner, Kostümbildner...

Verlagswesen und Presse

Journalistin, Schriftsteller, Reporter, Drucker, Fotograf, Lektorin, Illustratorin, Setzer...

Was möchtest du später einmal werden?

Meer

Schiffskapitän, Matrose, Schiffsmechaniker, Hafenarbeiter, Hochseefischer, Austernzüchter…

Tiere

Viehzüchter, Jockey, Tierarzt, Reitlehrerin, Hundetrainerin, Tierpflegerin...

Verkehr

Taxifahrer, Zugführer, Lastwagenfahrer, Stewardess, Pilot, Busfahrer...

Mode und Schönheit

Kosmetikerin, Friseurin, Fotomodell, Modeberaterin, Modeschöpfer, Schneiderin...

Fernsehen und Kino

Kameramann, Drehbuchautor, Schauspieler, Beleuchter, Filmvorführer, Tontechniker, Filmkritiker, Maskenbildner...

Gesundheitswesen

Arzt, Krankenpflegerin, Kinderkrankenschwester, Apothekerin, Zahnarzt, Optiker, Masseur, Krankengymnastin...

Wirtschaft

Firmenchef, Sekretärin, Buchhalter, Informatiker, Büroangestellter, Personalverwalter...

Öffentlicher Dienst

Lehrerin, Polizist, Beamter, Postbote, Erzieher, Feuerwehrmann, Politiker, Steuerbeamter, Richter...

Militär

Soldat bei den Land-, Luft- oder Seestreitkräften: Panzerfahrer, Pilot, Matrose...

Der gute Ton

Jeder Einzelne lebt mit seiner Familie, mit Freunden, Nachbarn und auch Fremden in einer Gemeinschaft. Für ein gutes Zusammenleben muss man sich gegenseitig respektieren und seine Umwelt, in der man lebt und arbeitet, achten.

Kleine, aber feine Regeln:

Abfälle wirft man nicht einfach auf die Straße, sondern in einen Mülleimer. Oder man entsorgt sie zu Hause.

Wenn man etwas haben möchte, sagt man „Bitte“. Wenn man etwas bekommt, sagt man „Danke“. Höflichkeit ist überall wichtig: zu Hause, in der Schule, auf der Straße und beim Einkaufen.

Beim Husten oder Gähnen nimmt man die Hand vor den Mund.

Beim Einkaufen wartet man, bis man an der Reihe ist. Betritt man ein Geschäft, sagt man „Guten Tag“. Beim Hinausgehen sagt man „Auf Wiedersehen“. Wenn man jemanden anstößt, entschuldigt man sich.

Welche Hand gibt man sich zur Begrüßung?

Nach dem Aufstehen wünscht man seinen Eltern und Geschwistern einen guten Morgen. In der Schule begrüßt man seine Freunde und die Lehrer.
Vor dem Zubettgehen sagt man Gute Nacht.

Beim Essen zu Hause oder im Restaurant bleibt man ruhig sitzen. Man stützt die Ellenbogen nicht auf dem Tisch auf und isst mit Messer und Gabel. Mit vollem Mund sollte man nicht sprechen. Möchte man aufstehen, fragt man um Erlaubnis.

Wenn man mit Rollschuhen oder Inlineskates unterwegs ist, nimmt man auf die Fußgänger Rücksicht. Führt man seinen Hund in der Stadt Gassi, muss man anschließend den Hundekot beseitigen.

Wenn man ein Museum, ein Schloss oder eine Kirche besichtigt, darf man nicht schreien und herumtollen.

Wenn in Bus und Bahn keine Sitzplätze mehr frei sind, bietet man älteren Leuten seinen Sitzplatz an.

Begrüßt man sich mit Handschlag, gibt man immer einander die rechte und nie die linke Hand.

Geld

Man braucht Geld, um Essen, Kleidung, ein Auto, Bücher und Spielsachen zu kaufen, um eine Wohnung oder ein Haus zu kaufen oder zu mieten und um ins Kino zu gehen oder in Urlaub zu fahren.

Wie wird bezahlt?

Man bezahlt seine Einkäufe:

- mit Scheinen und Münzen in bar.

- oder mit einem unterzeichneten Scheck, auf dem die Summe in Buchstaben und Zahlen angegeben ist.

- oder mit einer Scheck- oder Kreditkarte.

Damit man weiß, wie viel Geld man noch hat, schreibt man seine Ausgaben auf.

Auf der Bank kann man Geld einzahlen und Schecks einlösen. Die Summe wird auf dem Konto gutgeschrieben.

Auf der Welt gibt es verschiedene Währungen. In Europa zahlt man zum Beispiel mit dem Euro.

Mit Geld sollte man sorgsam umgehen, denn auf der Welt gibt es viele arme Menschen.

Wie verdient man Geld?

Wenn man in der Schule fleißig ist, kann man später einen Beruf ergreifen, mit dem man ausreichend Geld verdient, um sorgenfrei zu leben. Bei einer Kündigung wird man arbeitslos. Das ist keine leichte Situation. Oft ist es schwierig, schnell eine neue Arbeit zu finden.

Bevor es das Geld gab

Vor langer Zeit gab es kein oder nur wenig Geld. Die Menschen betrieben Tauschhandel. Für ein Schaf bekam man zum Beispiel neue Kleidung.

An Geldautomaten kann man mit einer Scheckkarte oder einer Kreditkarte Geld abheben.

Manche Kinder bekommen von ihren Eltern wöchentlich oder monatlich Taschengeld.

In armen Ländern leiden die Menschen Hunger, weil Hitze oder starke Unwetter die Ernte vernichtet haben. In reichen Ländern gibt es Geschäfte, in denen die Menschen alles kaufen können, was sie zum Leben brauchen.

Glücksspiele

Man kann Lotto spielen oder Wetten abschließen und dabei viel Geld gewinnen. Arbeiten ist jedoch der sicherere Weg Geld zu verdienen.

Die Weltreligionen

Katholiken, Protestanten, Muslime und Juden glauben alle jeweils an einen einzigen Gott. Jede Glaubensgemeinschaft pflegt bestimmte Rituale. Die Gläubigen kommen in ihren Gotteshäusern zum Gebet zusammen.

Katholiken und Protestanten sind Christen. Sie glauben an Gott und seinen eingeborenen Sohn Jesus Christus. Christen gehen zum Beten in die Kirche.

Das Kreuz ist ein christliches Symbol und ziert die Glockentürme der Kirchen.

Der Halbmond ist ein islamisches Symbol und schmückt die Minarette der Moscheen.

Der Davidstern hat sechs Zacken und ist ein Symbol der jüdischen Religion.

Die Kirchenglocken im Glockenturm rufen die Gläubigen zum Gottesdienst.

In der Kirche hält der Priester den Gottesdienst. Er liest aus der Bibel vor, der heiligen Schrift der Christen.

In christlichen Familien sprechen die Kinder vor dem Schlafengehen ihr Abendgebet.

An Weihnachten feiert man die Geburt Jesu. Die Kinder stellen eine Krippe auf.

Welche Symbole stehen für die drei großen Religionen?

In muslimischen Familien ruft der Vater morgens und abends zum Gebet. Jedes Familienmitglied richtet sich auf dem Gebetsteppich nach Mekka aus, dem heiligen Ort der Muslime.

Muslime versammeln sich in der Moschee. Einst begründete der Prophet Mohammed den Islam. Ein muslimischer Religionsgelehrter wird Imam genannt, das heilige Buch heißt Koran.

Während des Fastenmonats Ramadan dürfen Muslime zwischen Sonnenaufgang und Sonnenuntergang nichts essen und nichts trinken. Das Ende des Ramadan feiert man mit einem Fest. Die Kinder bekommen Geschenke, vor allem Süßigkeiten.

Von Freitag- bis Samstagabend feiern die Juden Sabbat. In dieser Zeit darf nicht gearbeitet werden. Bei Anbruch der Dunkelheit werden Kerzen angezündet, der Vater segnet seine Kinder und man isst zusammen.

Juden beten in der Synagoge. Ein Rabbi liest heilige Texte aus der Thora vor. Jede Synagoge besitzt eine solche Schriftrolle mit handgeschriebenen Texten.

Eines der bekanntesten jüdischen Feste ist Chanukka, das Lichterfest. Es wird im Dezember gefeiert. Sieben Tage lang entzündet man eine der sieben Kerzen des Leuchters. Am achten Tag wird ein Festessen veranstaltet und die Kinder bekommen Geschenke.

Die Stadt

Eine Stadt besteht aus mehreren Vierteln. Das Zentrum ist meistens besonders belebt. Dort befinden sich auch die Polizeiwache, das Rathaus, der Markt, Kinos und Restaurants. In der Hauptstraße steht oft ein Geschäft neben dem anderen.

(1) Im Rathaus ist das Büro des Bürgermeisters.

(2) Im Krankenhaus werden Kranke medizinisch versorgt.

(3) Die Kirche ist das Gebetshaus der Christen. In großen Städten gibt es auch Moscheen und Synagogen.

(4) Auf dem Friedhof liegen die Verstorbenen begraben.

(5) Auf dem Schulhof halten sich die Schüler während der Pause auf.

(6) Auf der Post kann man Briefe aufgeben, Pakete abholen und aufgeben.

(7) Auf dem Polizeirevier arbeiten Polizisten, die für Sicherheit in der Stadt sorgen.

(8) Im Gewerbegebiet haben viele Firmen ihren Sitz.

(9) Auf der Bank zahlt man Geld ein oder hebt es ab.

Wo kann man Fußballspiele sehen?

(10) Im Feuerwehrhaus stehen Löschfahrzeuge zum Einsatz bereit.

(11) Die Hauptstraße führt durch das Stadtzentrum.

(12) Im Stadtpark gibt es Spielmöglichkeiten für Kinder.

(13) Im Kino kann man auf einer großen Leinwand Filme sehen.

(14) Im Theater werden Stücke aufgeführt.

(15) Der Flughafen liegt außerhalb der Stadt.

(16) Am Bahnhof steigt man in den Zug.

(17) Im Stadion finden Sportwettkämpfe statt.

(18) Hotels und Restaurants empfangen Touristen und Besucher.

Wo geht man hin, um

einen Film zu sehen?

einen Ausweis zu beantragen?

sich operieren zu lassen?

lesen und schreiben zu lernen?

Geld auf sein Konto einzuzahlen?

zu beten?

mit dem Flugzeug zu verreisen?

eine Anzeige wegen Diebstahls zu erstatten?

Der Verkehr

Wenn sich Fußgänger, Autos, Lastwagen, Fahrräder und Motorräder fortbewegen, entsteht Verkehr. Für einen problemlosen Ablauf muss sich jeder an die Verkehrsregeln und die Verkehrsschilder halten.

Autofahrer benötigen einen Führerschein. Dazu müssen sie Verkehrsunterricht nehmen und mit einem Lehrer das Fahren üben. Die Prüfung am Ende besteht nicht jeder beim ersten Mal.

Manchmal regeln Polizisten den Verkehr.

Mit Radargeräten können die Polizisten feststellen, ob man zu schnell gefahren ist.

Im Straßenverkehr muss man aufmerksam und vorsichtig sein: Bei einer durchgezogenen weißen Linie darf man nicht überholen, bei Stoppschildern muss man anhalten. Vorfahrtsregeln sind unbedingt einzuhalten und die vorgeschriebene Geschwindigkeit darf nicht übertreten werden.

Bevor man bei Grün die Straße überquert, muss man warten, bis die Fahrzeuge tatsächlich stehen bleiben. Man darf nie einfach über die Straße laufen, sondern man muss immer erst nach rechts und links schauen.

Auf der Autobahn kann man etwas schneller fahren, da es mindestens zwei Spuren für jede Richtung gibt. Wenn man müde ist, ruht man sich an einer Raststätte aus. An der Tankstelle kann man Benzin nachfüllen.

Darf man eine Straße bei Rot oder bei Grün überqueren?

In der Stadt ist die Geschwindigkeit begrenzt. Wenn ein Polizist den Verkehr regelt, muss man seinen Anweisungen Folge leisten. Autofahrer müssen bei Rot anhalten. Fußgänger benutzen Fußgängerüberwege.

Wenn man falsch parkt oder zu schnell fährt, kann der Polizist eine Geldstrafe verhängen.

Man kann sein Auto auf öffentlichen Parkplätzen abstellen. Für Behinderte gibt es besondere Parkmöglichkeiten.

Außer in Großbritannien, Irland und Malta fährt man in Europa rechts.

Verkehrsschilder

Es gibt Gebots-, Verbots- und Warnschilder. Man muss sie alle kennen, um sich und andere nicht zu gefährden.

Stopp
Man muss anhalten.

Durchfahrt verboten

eingeschränktes Halteverbot

Höchstgeschwindigkeit 50 km/h

Achtung Schulkinder

scharfe Rechtskurve

Wie die Menschen wohnen

Es gibt viele verschiedene Arten von Häusern. Ihr Aussehen hängt vom Klima und dem Baumaterial ab. Man kann Häuser aus Stein, Holz, Beton oder Tuch bauen, sie in Felsen hauen oder auf Pfähle stellen.

Höhlenwohnungen

Diese Behausungen aus vorgeschichtlicher Zeit sind in den Felsen gehauen. Fenster gibt es nur auf der Vorderseite.

Ein Einfamilienhaus hat meist zwei Stockwerke, einen Speicher, einen Keller, eine Garage und einen Garten.

In der Stadt leben die Menschen in Wohnungen in Mehrfamilienhäusern.

Häuser auf Pfählen heißen Pfahlbauten. Sie befinden sich in einem See, einem Fluss oder in oft überschwemmten Gegenden.

Im Gebirge sind die Häuser aus Holz gebaut. Von ihren Spitzdächern können die Schneemassen gut abrutschen.

Am Mittelmeer haben die Häuser meist wenige Fenster und rote Ziegeldächer.

Wie nennt man riesige Hochhäuser?

Nicht alle Menschen wohnen in Häusern oder Wohnungen. Manche leben in Wohnwagen, andere in Hausbooten. Könige und Prinzen sind oft in Palästen und Schlössern mit vielen Zimmern zu Hause.

In einigen Großstädten stehen Hochhäuser mit mehr als 100 Stockwerken. Sie heißen Wolkenkratzer.

In Japan und China findet man Pagoden mit Etagendächern.

In Zentralafrika baut man Hütten aus Holz und Erde. Das Dach deckt man mit Stroh.

In der Wüste Sahara leben Nomaden wie die Tuareg in Zelten. Das macht das Herumziehen leichter.

Früher lebten die Eskimos im hohen Norden in Iglus aus Eisblöcken. Heute bewohnen sie bunte Häuser.

Die Erd- und Lehmhäuser in Nordafrika haben dicke Mauern. So bleibt die Luft auch tagsüber lange kühl.

Öffentlicher Dienst

Polizei, Post, Feuerwehr, Stadtverwaltung, Schulen und Krankenhäuser stehen im Dienste der Allgemeinheit. Viele Menschen sind in diesen Bereichen beschäftigt.

Das Polizeirevier

Die Polizei ist für Ordnung und Sicherheit in der Stadt zuständig. Sie regelt und überwacht den Verkehr. Auf dem Revier kann man um Hilfe bitten oder Anzeige erstatten.

Die Bürger wählen den Bürgermeister und die Stadträte. Der Bürgermeister arbeitet im Rathaus. Zusammen mit den Stadträten bestimmt er, was in der Stadt geschieht. Er hat auch ein offenes Ohr für die Probleme der Bürger.

Die städtischen Gärtner kümmern sich um die Bepflanzung der Parks und Blumenbeete.

Die Feuerwehr greift bei Bränden, schweren Unfällen, Überschwemmungen und in Notsituationen helfend ein. Sie ist Tag und Nacht einsatzbereit. Die Löschfahrzeuge sind mit Feuerwehrleitern und Wasserschläuchen ausgerüstet.

Welche Dienste bietet die Post an?

Im Krankenhaus kann man schwere Krankheiten behandeln und sich operieren lassen. Schwangere kommen zur Entbindung ins Krankenhaus. Die Notaufnahme kümmert sich um Kranke und Verletzte, die schnelle Hilfe brauchen. Ärzte und Krankenschwestern sind ständig im Dienst.

Aufgabe der Post ist es, Briefe und Pakete so schnell wie möglich zuzustellen. Der Postbote wirft die Briefe in die Briefkästen der Empfänger. Der Paketbote bringt die Pakete.

Weitere Dienstleister

Angestellte der Straßenmeistereien sorgen dafür, dass die Straßen in gutem Zustand sind. Sie stellen auch Verkehrszeichen auf.

Elektriker legen neue Leitungen oder bessern Schäden aus.

Die Müllabfuhr leert die Mülltonnen und entsorgt die Abfälle.

Im Einkaufszentrum

In einem Einkaufszentrum sind viele Geschäfte unter einem Dach versammelt. Rolltreppen verbinden die verschiedenen Etagen. Man kann Lebensmittel, Kleidung, Haushaltswaren und vieles mehr kaufen.

Das Einkaufszentrum ist in der Woche bis abends geöffnet, samstags bis zum Nachmittag. Zu bestimmten Anlässen kann man dort auch am Sonntag einkaufen.

Der Supermarkt

Alle Waren liegen in Regalen aus. Sie sind mit einem Preisschild und einem Strichkode ausgezeichnet, den man beim Zahlen braucht.

An der Kasse legt man seine Einkäufe auf ein Band. Man kann in bar, mit Scheckkarte oder Kreditkarte bezahlen.

Wo bekommt man in einem Einkaufszentrum etwas zu essen?

Ein Geschäft reiht sich an das nächste. In den Schaufenstern sind die Waren ausgestellt. Jeder Kunde wird im Laden begrüßt und beraten. Über der Ladentür sind häufig Leuchtschilder angebracht, auf denen der Name des Geschäfts zu lesen ist.

In welchen Geschäften kann man folgende Dinge kaufen?

Lebensmittel
—
Brillen
—
Medikamente
—
Turnschuhe
—
Bücher

Kulturelles Leben

Kulturelle Veranstaltungen können in Festsälen, Theatern, Kinos, im Zirkus, unter freiem Himmel, im Stadion, im Park oder in Arenen stattfinden.

Kleinere Kinder gehen gern ins Marionetten- oder Kasperletheater. Hinter dem Bühnenbild bewegen die Puppenspieler ihre Figuren. Die Kinder fiebern eifrig mit.

Schulaufführungen

Oft wird am Schuljahresende ein Abschlussfest veranstaltet. Dafür studieren die Lehrer mit den Schülern Theater- oder Musikstücke ein.

Schüler aus allen Jahrgängen singen gemeinsam im Chor.

Manche Kinder spielen Theater oder sagen ein Gedicht auf.

Im Kino sind Spielfilme auf einer großen Leinwand zu sehen. Wenn das Licht ausgeht, beginnt die Vorstellung.

Eine Stadthalle ist ein großer Saal, in dem Konzerte stattfinden oder Sänger und Komiker auftreten.

Wo kann man Filme auf einer großen Leinwand sehen?

Im Theater werden Theaterstücke, aber auch Opern, Ballettstücke und klassische Konzerte aufgeführt. Die Vorstellung beginnt, der Vorhang geht auf und die hell erleuchtete Bühne wird sichtbar. Schauspieler, Opernsänger, Tänzer und Musiker treten auf. Die Zuschauer haben Parkett-, Balkon- oder Logenplätze.

Der Zirkus schlägt in verschiedenen Städten sein Zelt auf. Der Zirkusdirektor kündigt Clowns, Trapezkünstler, Jongleure, Akrobaten, Dompteure und Zauberkünstler an. Auch Elefanten, Löwen und Tiger haben ihren Auftritt.

Applaus, Applaus…

Man belohnt die Künstler mit einem Applaus.

Im Theater klatscht man vor der Pause und am Schluss. Im Zirkus applaudiert man nach jeder Nummer.

Die Zirkusschule

In der Zirkusschule werden Akrobaten, Jongleure und Pantomimekünstler ausgebildet. Die Ausbildung dauert mehrere Jahre. Die Schüler müssen mindestens vier Jahre alt sein.

Musik

Schon die Steinzeitmenschen kannten Musikinstrumente. Sie bohrten Löcher in lange Knochen und erfanden so die Flöte. Andere spannten Tierhäute über Tongefäße und die Trommel war geboren.

Der Dirigent gibt mit seinem Taktstock das Tempo vor. Mit der anderen Hand zeigt er an, ob das Orchester lauter oder leiser spielen soll.

Saiteninstrumente streicht man mit einem Bogen: Geige (1), Violoncello (2), Kontrabass (3). Mit den Fingern spielt man: Konzertflügel (4), Harfe (5), Gitarre (6).

Die Noten

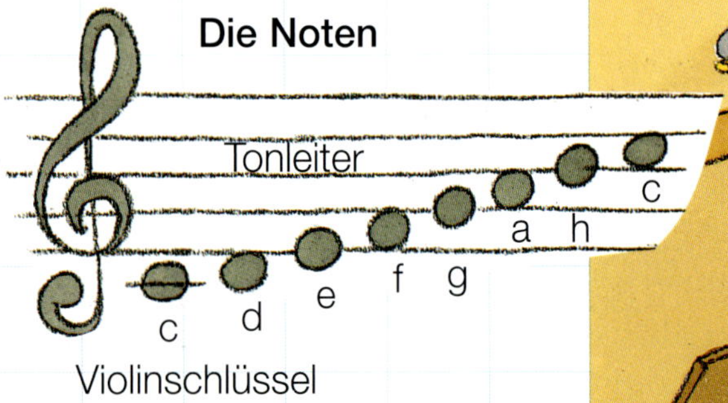

Auf der Flöte und dem Tamburin spielt man erste Töne und Rhythmen.

Wer dirigiert mit einem Taktstock?

In Blasinstrumente muss man hineinblasen: Flöte (7), Trompete (8), Saxofon (9), Posaune (10) und Tuba (11).

Rhythmusinstrumente werden geschlagen: Xylophon (12), Triangel (13), Pauke (14), Becken (15).

Die Musiker stellen ihre Partitur auf den Notenständer.

Verschiedene Musikrichtungen

Jazz spielt man mit Trompete, Saxofon, Klavier und Kontrabass. Für Rock and Roll braucht man Gitarre und Schlagzeug. Klassische Musik spielt man mit den links abgebildeten Instrumenten.

Man hört Musik im Radio oder mit einer Stereoanlage. Lieder und Musikstücke werden auf Kassette und auf CD aufgenommen.

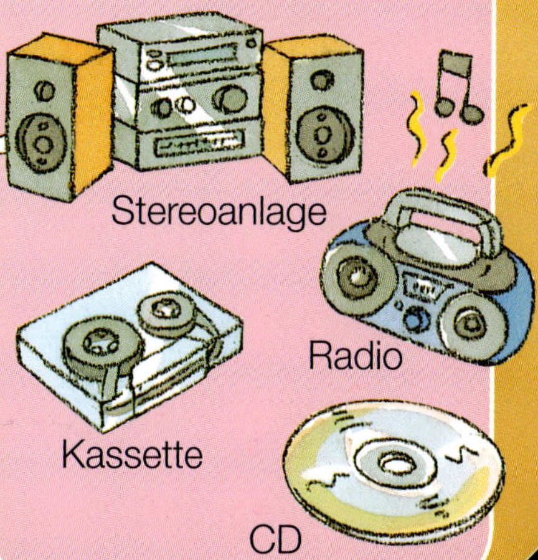

Kunst

Zur Kunst gehören Literatur, Malerei, Musik, Tanz, Bildhauerei, Architektur, Film, Theater und Fotografie. Künstler setzen ihre Fantasie in Kunstwerke um.

Malerei

Schon gewusst?

Wenn du ein Bild malst, bist du ein kleiner Künstler.

Künstler schaffen Kunstwerke. Skulpturen und Bilder sind meistens Einzelstücke.

Bildhauerei

Der Bildhauer bearbeitet Holz, Eisen oder Stein und lässt daraus Figuren entstehen.

Architektur

Der Architekt entwirft und plant Wohnhäuser, Bürogebäude, Theater und andere Gebäude.

Theater

Schauspieler studieren Theaterstücke ein und führen sie auf der Bühne vor Publikum auf.

Film

Regisseur, Kameramann und Schauspieler drehen zusammen nach einem Drehbuch einen Film.

Wo kann man Kunstwerke besichtigen?

Malerei

Ein Maler malt mit einem Pinsel und Farbe Formen, Landschaften oder Menschen auf eine Leinwand. Man kann Dinge genau nachzeichnen oder die Fantasie spielen lassen.

Im Museum

Im Museum kann man Gemälde und Skulpturen bestaunen, die zu teuer sind, um sie selbst zu kaufen. In einer Museumsführung erfährt man viel über die ausgestellten Kunstwerke und die Künstler.

Musik

Ein Musiker komponiert Musikstücke für ein einzelnes Instrument oder für eine ganzes Orchester.

Tanz

Klassischen und modernen Tanz kann man in besonderen Schulen erlernen.

Fotografie

Ein Fotograf macht mit einem Fotoapparat Farbbilder oder Schwarz-Weiß-Aufnahmen.

Kunsthandwerk

Töpfer, Goldschmied, Weber und Glasbläser sind ebenso Kunsthandwerker wie die Kunsttischler. Diese bringen alte Möbel wieder auf Hochglanz.

Sport

Sport treiben kann man alleine oder in der Mannschaft, in der Halle, unter freiem Himmel, zu Wasser oder an Land. Sport ist anstrengend, bereitet aber auch viel Freude und ist gut für die Gesundheit.

Basketballspieler

Turnen ist ein Einzelsport für bewegliche Menschen mit viel Kraft und gutem Gleichgewichtssinn. Die Turnübungen führt man am Boden oder an Geräten wie Reck, Schwebebalken oder Stufenbarren aus.

Die Olympischen Spiele sind der wichtigste Sportwettkampf der Welt. Athleten aller Länder versuchen Rekorde zu erzielen.

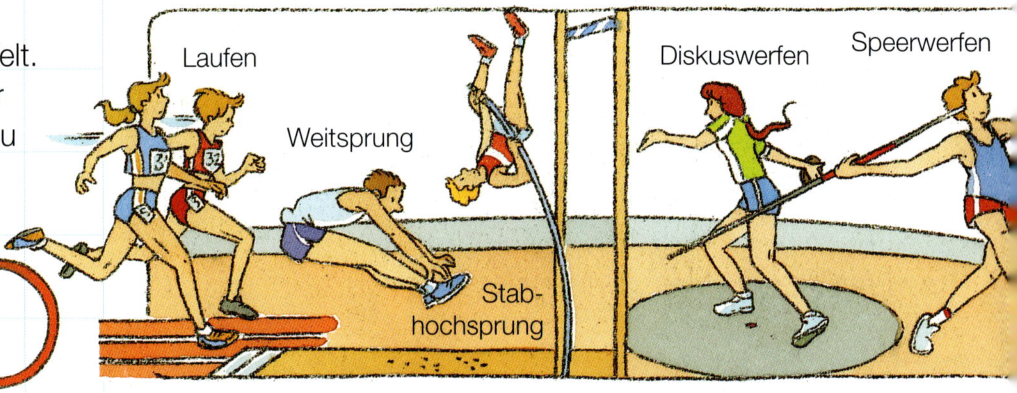

Die Ringe auf der olympische Fahne sind ein Bild für die Einheit der fünf Kontinente.

Training und Wettkämpfe der Leichtathleten finden in einem Stadion statt. Die Sportler üben und messen sich in den Disziplinen Laufen, Stabhochsprung, Weitsprung, Diskus-, Speer- und Hammerwerfen…

Sport ist gut für Körper und Geist. Wer trainiert und sich bewegt, fühlt sich wohler. Erfolge steigern den Ehrgeiz und den Spaß.

Ballspiele sind Mannschaftssportarten. Die Mannschaften bestehen aus unterschiedlich vielen Spielern: Fußball (11), Rugby (13 oder 15) Basketball (5), American Football (11), Volleyball (5), Handball (7).

Bei welcher Ballsportart sind 13 oder 15 Spieler in einer Mannschaft?

Bei Kampfsportarten wie Boxen, Ringen, Judo, Karate oder Fechten versuchen sich zwei Gegner in Beweglichkeit, Kraft und Geschicklichkeit zu übertreffen.

Schwimmen, Tauchen, Rudern, Surfen, Wellenreiten, Turmspringen, Wasserski und Segeln sind Wassersportarten.

Zu den Berg- und Wintersportarten gehören Klettern, Bergsteigen, Skifahren, Eishockey, Schlittschuhlaufen, Rodeln…

Tennis, Tischtennis und Golf spielt man jeweils mit einem besonderen Schläger. Für Baseball braucht man außer einem Schläger noch einen Handschuh.

Rennrad kann man im Stadion oder auf öffentlichen Straßen fahren. Für Motorsportarten baut man spezielle Rennstrecken.

Zu den Pferdesportarten gehören Springreiten, Dressurreiten, Galopprennen, Trabrennen, Voltigieren und Polo.

Am Bahnhof

Wer mit dem Zug verreisen möchte, muss zum Bahnhof gehen und am Schalter eine Fahrkarte kaufen. Am Bahnhof bieten viele Geschäfte Zeitungen an. Man kann im Wartesaal lesen oder am Kiosk einen Imbiss einnehmen.

Der Bahnhofsvorsteher

Früher wurden Lokomotiven mit Dampf betrieben und stießen Rauchwolken aus.

Heute werden nur noch elektrisch betriebene Züge eingesetzt, die sehr viel schneller fahren. Der schnellste Zug heißt ICE (InterCityExpress). Er kann bis zu 300 km/h erreichen.

Ein Zug fährt auf Schienen und hält am Bahnhof an den Bahnsteigen an.

Im Zug muss man seinen Fahrschein vorzeigen.

Güterzüge befördern Autos, Getreide, Sand, Kohle, Milch und vieles mehr.

Was bedeutet die Abkürzung ICE?

Der Bahnhofsvorsteher überwacht das Ein- und Aussteigen der Fahrgäste, stellt das Signal auf freie Fahrt und bläst seine Trillerpfeife.

Im Schlafwagen kann man während der Nacht schlafen.

Manche Züge haben ein Bordrestaurant.

Der Zugbegleiter kontrolliert die Fahrkarte.

Güter werden ebenso wie Tiere in besonderen Wagons transportiert.

Am Hafen

Die ersten Holzboote und Flöße wurden mit Rudern bewegt. Durch die Erfindung der Segelschiffe kamen die Seeleute schneller voran. Sie konnten weitere Strecken zurücklegen und entdeckten neue Kontinente.

Ein Frachtschiff befördert ausschließlich Lebensmittel. Sie werden in großen Containern verladen.

Das lange Tankschiff transportiert Rohöl, Benzin und Flüssigdünger.

Der Kapitän ist der Chef der Schiffsmannschaft.

Fähren können Autos, Laster, Züge und Passagiere befördern. Die Fahrzeuge werden im Laderaum untergebracht.

Ein Fischkutter ist mit großen Schleppnetzen für den Fischfang ausgerüstet.

Welches Schiff ist mit großen Schleppnetzen ausgerüstet?

Kreuzfahrtschiffe können unterschiedlich groß sein. Manche ähneln schwimmenden Städten.

Der Leuchtturm sendet Lichtsignale aus, die der Schiffsbesatzung zur Orientierung dienen.

Fische werden in Kühllastern abtransportiert.

Noch mehr Schiffe

Der Katamaran ist ein Segelschiff mit zwei Rümpfen.

Das U-Boot bewegt sich unter Wasser fort. Es kann für mehrere Tage abtauchen.

Der Flugzeugträger ist ein Militärschiff. Es ist mit einer Landebahn für Kampfflugzeuge ausgestattet.

Am Flughafen

Wer mit dem Flugzeug verreisen möchte, muss zum Flughafen fahren, der außerhalb der Stadt liegt. Auf internationalen Flughäfen herrscht reges Treiben. Flugzeuge aus aller Welt starten und landen hier.

Nachdem man sein Gepäck aufgegeben hat und der Ausweis kontrolliert worden ist, begibt man sich in die Abflughalle. Die Koffer werden im Laderaum des Flugzeuges verstaut.

Stewards und Stewardessen kümmern sich während des Fluges um die Passagiere. Sie servieren das Essen und bieten Getränke an.

Im Cockpit sitzen der Pilot, sein Copilot und manchmal ein Bordmechaniker.

Auftanken bei der Zwischenlandung

Wer lenkt die Flugzeuge vom Kontrollturm aus?

Flughafenmitarbeiter tanken die Maschine auf. Die Flugzeuge starten und landen auf breiten Pisten.

Am Flughafen kann man in vielen Geschäften Souvenirs kaufen.

Vom Kontrollturm aus geben die Fluglotsen den Piloten Anweisungen. Sie sind für die Freigabe der Pisten zum Start und zur Landung zuständig und tragen große Verantwortung.

Bodenpersonal hilft den Piloten ihre Flugzeuge „einzuparken".

Die öffentlichen Verkehrsmittel

Wer kein Auto besitzt oder es in der Garage stehen lassen möchte, nutzt die öffentlichen Verkehrsmittel. So schont man die Umwelt und umgeht Staus und Parkplatzprobleme.

Überlandbusse bringen die Fahrgäste in andere Städte oder sogar in andere Länder.

Das Ziel einer Taxifahrt bestimmt der Fahrgast.

Der Bus fährt stets dieselbe Strecke und hält an den gleichen Haltestellen.

Die U-Bahn wird elektrisch betrieben. Ihre Schienen verlaufen in unterirdischen Tunneln.

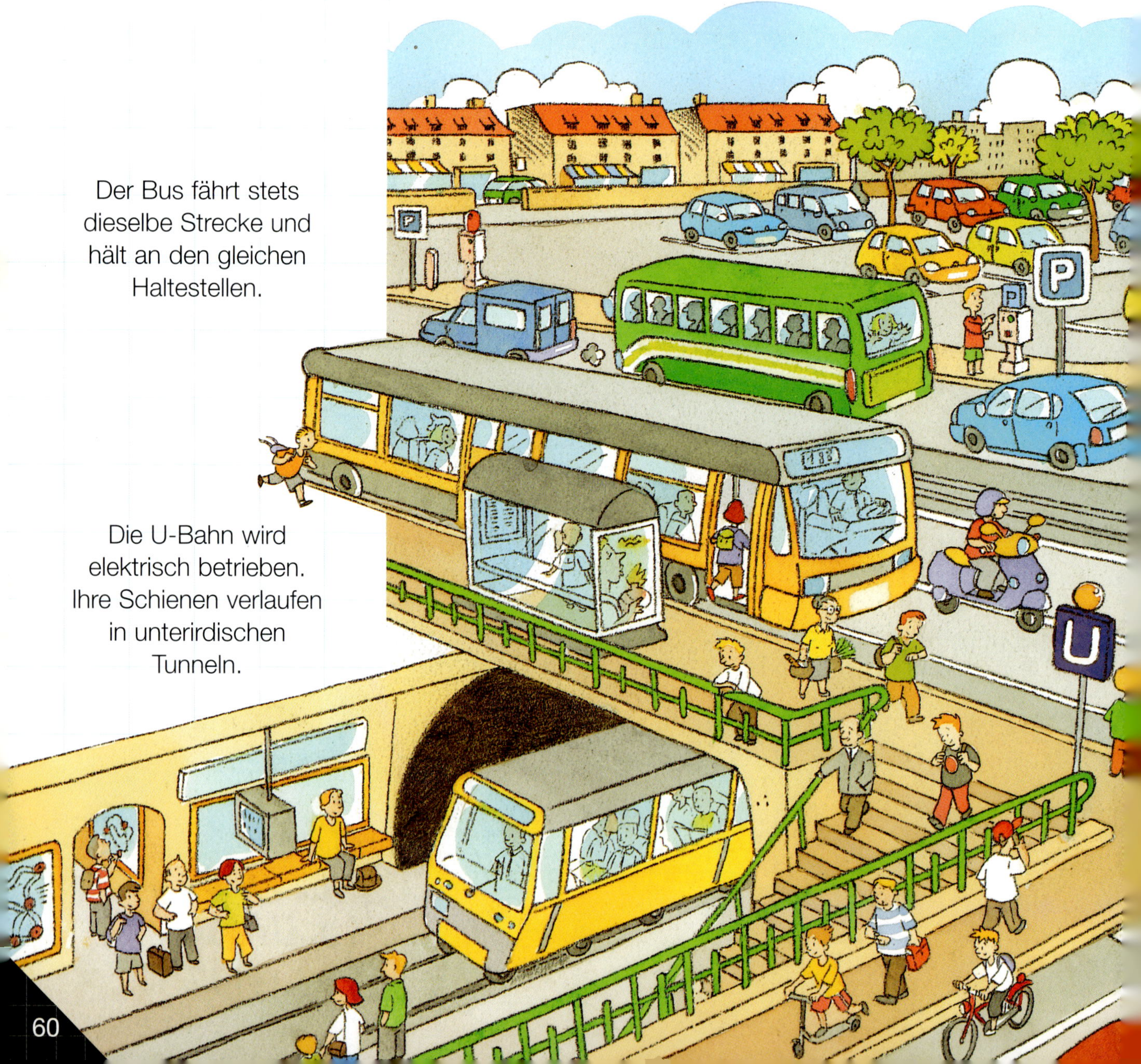

Welches Verkehrsmittel fährt unter der Erde?

Die Straßenbahn fährt oberirdisch und läuft wie die U-Bahn auf Schienen.

Um Motorrad oder Motorroller zu fahren, braucht man einen Helm.

Mit dem Fahrrad wird es zwischen Autos und Bussen gefährlich. Man sollte immer den Radweg benutzen, wenn einer vorhanden ist.

Autos werden auf Parkplätzen abgestellt.

Besondere Fortbewegungsmittel

Wenn man mit Inlineskates, dem Skateboard oder dem Kickboard unterwegs ist, muss man auf Fußgänger Acht geben, denn oft sind die Bürgersteige sehr eng.

Lastwagen und Baumaschinen

Mit Lastwagen befördert man zum Beispiel Lebensmittel von Stadt zu Stadt. Mit Baumaschinen werden Straßen gebaut, Gräben ausgehoben, Tunnel gegraben und schwere Lasten bewegt.

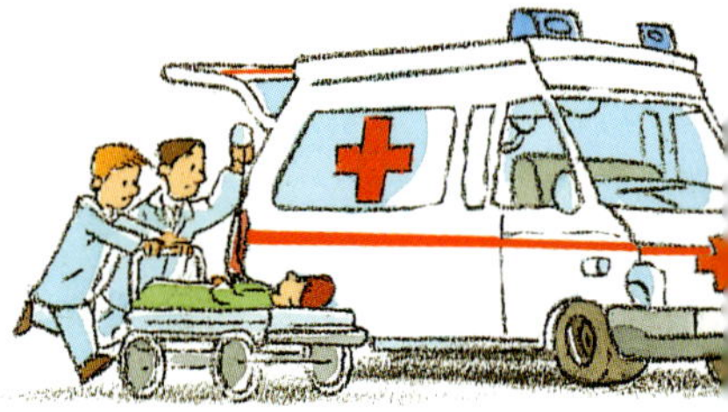

Ein Notarztwagen bringt Kranke oder Verletzte ins Krankenhaus.

Ein Lastwagenfahrer legt weite Strecken zurück.

Die Müllmänner entsorgen mit dem Müllfahrzeug Abfälle.

Ein Schneepflug befreit die Straßen von Schnee.

Auf langen Strecken kann sich der Fahrer während der Pausen in einer gut ausgestatteten Fahrerkabine ausruhen.

An die Zugmaschine eines Lastwagens kann man ein oder zwei Anhänger ankoppeln.

Ein Sattelschlepper hat nur einen Anhänger.

Ein Kipper transportiert Sand, Kies, Splitt und ähnliche Materialien.

Eine Planierraupe glättet den Untergrund oder schichtet Erde auf.

Wer bedient einen Kran?

Ein Feuerwehrauto ist mit einer langen Leiter ausgestattet. Damit erreicht man höhere Stockwerke.

Wachmänner transportieren Geld in gepanzerten Wagen.

Tankwagen befördern meist gefährliches Gut wie Chemikalien oder Kraftstoffe.

Ein Autotransporter zieht einen 2-stöckigen Anhänger. Auf den Ladeflächen parken die Autos.

In Australien verlaufen die Straßen über hunderte Kilometer hinweg schnurgerade. Hier können Lastzüge mit drei oder vier Anhängern fahren.

Ein Betonmischer wird auf Baustellen eingesetzt.

Mit einer Walze ebnet man den Boden.

Ein Bagger hebt mit einer großen Schaufel Gruben aus.

Mit einem Kran kann der Kranführer schwere Lasten bewegen.

Die Raumfahrt

1957 brachte die UdSSR den ersten künstlichen Satelliten auf eine Umlaufbahn: Sputnik 1. Damit begann das „Raumfahrt-Zeitalter“. Der Russe Juri Gagarin umrundete 1961 als erster Mensch die Erde.

Der Pilot einer Rakete heißt

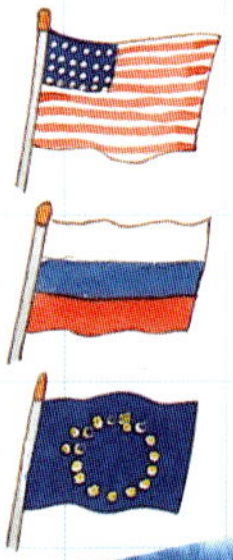

Astronaut, wenn er Amerikaner ist.

Kosmonaut, wenn er Russe ist.

Astronaut, wenn er ein Europäer ist.

Die Hündin Laika wurde 1957 von der UdSSR auf eine Umlaufbahn gebracht.

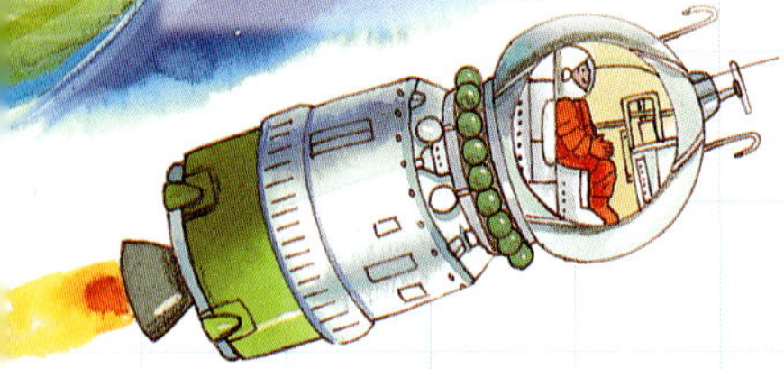

Der erste Mensch im Weltraum war Juri Gagarin, ein Soldat der sowjetischen Armee. Er startete am 12. April 1961 und umrundete die Erde in 108 Minuten.

Raketen sind nur einmal einsatzfähig. Deshalb erfanden die Amerikaner die Raumfähre. Sie setzt wie ein Flugzeug zur Landung an und übersteht mehrere Flüge.

② Nach zwei Minuten lösen sich die Raketen und segeln an Fallschirmen zu Boden. Wenn der große Tank leer ist, wird auch er abgestoßen und verschwindet im Weltraum.

① Die Raumfähre ist an einen großen Treibstofftank und an zwei Feststoffraketen gekoppelt. Diese sorgen für die nötige Schubkraft.

Wie nennt man amerikanische Raumfahrer?

Wenn die Raumfähre die richtige Höhe erreicht hat, wird ein beweglicher Arm ausgefahren, der einen Satelliten in die Umlaufbahn entlässt.

Nach Beendigung der Mission verringert die Raumfähre ihre Geschwindigkeit und nähert sich wieder der Erde. Beim Eintritt in der Erdatmosphäre kommt es zu starker Hitzebildung. Doch das Gefährt ist gut geschützt. In 45 km Höhe leiten die Piloten einen langen Landeanflug ein. Die Raumfähre setzt wie ein Flugzeug mit einer Geschwindigkeit von rund 385 km/h auf.

Menschen betreten den Mond

Die Amerikaner sandten zwei Menschen auf den Mond. Am 21. Juli 1969 betraten Armstrong und Aldrin den fremden Himmelskörper. Die Astronauten trugen Raumanzüge und waren mit Sauerstoff ausgerüstet.

Sie nahmen Proben vom Mondgestein und führten Messungen durch. Auf dem Mond wiegt man 6-mal weniger als auf der Erde. So waren die Astronauten trotz ihrer Last noch leicht.

Die Erde

Die Erde ist einer der neun Planeten unseres Sonnensystems. Sie ist von der Atmosphäre umgeben, einer Luftschicht, die sie vor der Hitze der Sonnenstrahlen schützt. Sonst wäre die Erde eine Wüste ohne Leben.

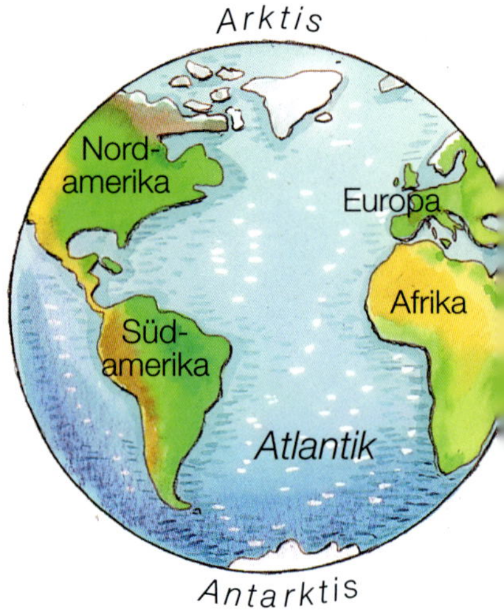

Die Erde ist annähernd rund wie eine Kugel. Lange Zeit dachten die Menschen, die Welt sei flach wie ein Teller und schwämme auf den Meeren.

Vor Jahrmillionen bestand die Erde aus dem einen, zusammenhängenden Urkontinent Pangäa. Dieser zersprang nach und nach in kleinere Teile.

Diese kleineren Teilen bilden die heutigen Kontinente Amerika, Afrika, Europa, Asien und Australien.

Wie nennt man die Erde noch?

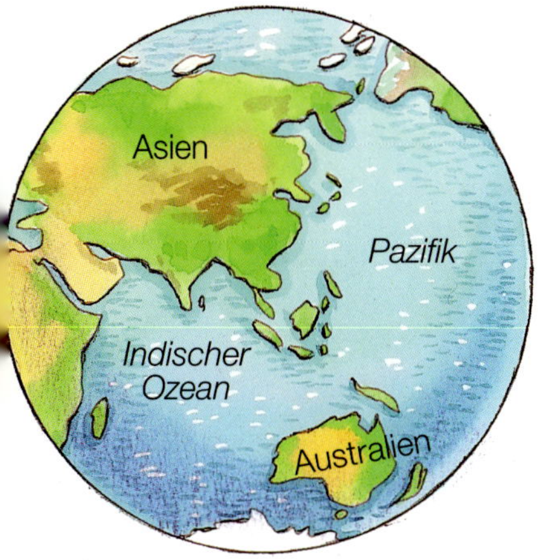

Der größte Teil der Erde ist von Wasser bedeckt. Deshalb nennt man die Erde auch den Blauen Planeten.

Ozeane sind grenzenlos, Meere sind von Landmassen umschlossen. Zu den Ozeanen zählen der Atlantik, der Pazifik, der Indische und der Arktische Ozean.

Gebirge, Ebenen und Hochebenen gibt es nicht nur an Land, sondern auch im Wasser der Meere und Ozeane. In den Ozeanen findet man außerdem tiefe Schluchten, die so genannten Tiefseegräben.

Wie groß ist die Erde?

Wenn du die Erde einmal zu Fuß umwandern würdest, bräuchtest du über zwei Jahre.

Mit dem Auto würde es eineinhalb Monate dauern.

Ein Flugzeug bräuchte zwei Tage, eine Raumfähre eineinhalb Stunden.

Die Planeten

Um die Sonne kreisen Planeten. Einige bestehen wie die Erde aus festem Material, andere aus Gasen. Sie alle sind Teil des Sonnensystems, doch nur auf der Erde gibt es Leben.

Ein Astronom erforscht die Vorgänge am Himmel.

Die Erde kreist in einem Jahr einmal um die Sonne und dreht sich in einem Tag einmal um sich selbst.

Der Mond ist ein natürlicher Satellit und kreist in 29 Tagen einmal um die Erde.

Ist die Sonne ein Stern oder ein Planet?

Ein Planet leuchtet, weil die Sonne ihn anstrahlt. Ein Stern leuchtet von selbst.

Die Sonne ist eine Gaskugel. Ihre Oberfläche ist immer in Bewegung. Von der Sonnenstrahlung hängen Klima und Wetter auf der Erde ab.

Jupiter ist der größte Planet. Seine Oberfläche besteht aus Gasen.

Die Venus heißt auch Abend- oder Morgenstern.

Die Erde nennt man den Blauen Planeten.

Merkur ist der Sonne am nächsten.

Der Mars heißt auch der Rote Planet.

Eine Sternschnuppe ist ein kleiner Gesteinsbrocken, der verglüht, wenn er in die Atmosphäre eintritt.

Der Mond

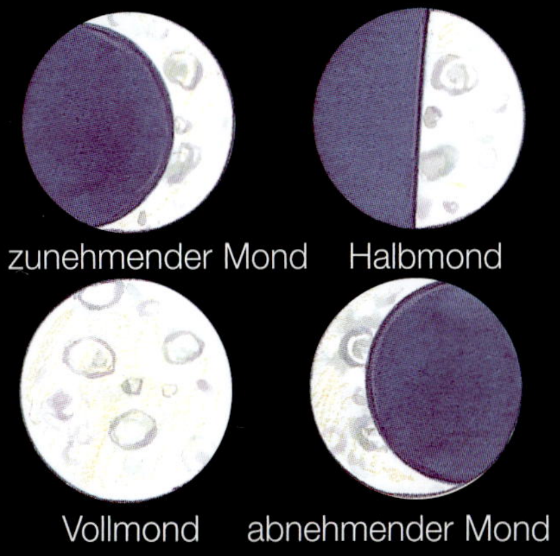

Je nachdem, wie der Mond zur Erde und zur Sonne steht, erscheint er als Kreis, als Halbkreis oder sichelförmig.

Das Klima

Das Wetter einer bestimmten Region hängt vom dortigen Klima ab. Es gibt verschiedene Klimazonen, die nach ihrer Nähe zu den kalten Polen, zum heißen Äquator oder zur Küste eingeteilt sind.

Auf Kontinenten, die wie Europa zwischen einem Pol und dem Äquator liegen, ist das Klima gemäßigt. Die Winter sind nicht zu kalt und die Sommer nicht zu heiß.

In den Küstenregionen herrscht das ganze Jahr über mildes Klima. Der Seewind bringt viel Feuchtigkeit mit sich. Es regnet oft.

In Polargebieten sind die Winter lang und eisig. Heftige Stürme treten auf. Die Temperaturen können bis auf -80 °C fallen. Auch im Sommer erreichen sie nur 3 bis 5 °C.

Am Fuße der Gebirge ist es warm. In höheren Lagen fällt die Temperatur rasch ab. Auf den höchsten Gipfeln bleibt der Schnee das ganze Jahr über liegen.

Welches Klima ist weder zu heiß noch zu kalt?

Je näher man dem Äquator kommt, desto heißer wird es. Im tropischen Klima folgt auf die feuchte Regenzeit die Trockenzeit.

Am Äquator herrscht ein drückendes Klima. Es ist sehr heiß. Gleichzeitig regnet es oft.

In einigen Wüsten ist es im Sommer heiß und im Winter eiskalt.

In den amerikanischen Wüsten wachsen trotz der Trockenheit schöne Kakteen.

In den Wüsten können die Temperaturen bis auf 50 °C klettern. Nur wenige Tiere sind in dieser Hitze überlebensfähig. Die Menschen siedeln oder rasten an Wasserstellen, den so genannten Oasen. In der Wüste regnet es fast nie, doch die Nächte sind feucht und kalt.

Das Wetter

Das Wetter ist von der Jahreszeit abhängig. Im Herbst regnet und stürmt es oft. Im Winter herrschen eisige Temperaturen und es fällt Schnee. Im Sommer ist es warm und der Himmel oft wolkenlos. Manchmal kommt es zu Gewittern.

Ein Meteorologe beobachtet das Wetter.

Der Wasserkreislauf: Von Ozeanen, Meeren, Flüssen, Seen und Wäldern steigt Wasserdampf auf. In kälteren Luftschichten entstehen daraus Wolken. Wenn die Wolken zu schwer werden, fällt Regen oder Schnee.

Die Luftschicht um die Erde ist ständig in Bewegung. Sie erhitzt sich oder erkaltet und bringt schönes Wetter oder Regen.

Wettersatelliten zeichnen Wolkenbewegungen und Daten zur Atmosphäre auf wie Luftdruck, Niederschläge oder Ozonwerte. Aufgrund dieser Informationen können Meteorologen das Wetter vorhersagen.

Im Sommer färben sich die Wolken manchmal schwarz. Donner grollt und Blitze zucken. Bei einem Gewitter gibt es heftige Regengüsse.

Wenn Regentropfen auf kalte Luft treffen, gefrieren sie und fallen als Hagelkörner zur Erde.

Welches Gerät zeichnet im Weltraum Wetterbilder auf?

Bei schönem Wetter ist der Himmel blau und es sind nur wenige oder gar keine Wolken zu sehen. Je nach Jahreszeit ist es warm oder kalt. An der Küste weht auch bei schönem Wetter immer ein bisschen Wind, die so genannte Meeresbrise.

Bei Sturm auf dem Meer schlagen die Wellen hoch und die Schiffe tanzen auf den Wogen.

Wenn starke Stürme die Landschaft verwüsten und hohe Wellen die Ufer überfluten, spricht man von einem Orkan.

Bei Nebel hängen kleine Wassertröpfchen in der Luft, die die Sicht einschränken. Sie entstehen durch Abkühlung der Luft.

Im Winter gefrieren die Regentropfen bei 0 °C zu Eis und fallen als Schneeflocken zur Erde. Achtung, jetzt werden die Straßen glatt!

Naturphänomene

Ein Tornado ist ein heftiger Wirbelwind. Er hat die Form eines Trichters und bewegt sich mit hoher Geschwindigkeit fort. Bäume, Dächer, Autos, Lastwagen und Tiere reißt er auf seinem Weg mit sich.

Wenn Sonnenstrahlen auf Regentropfen treffen, entsteht am Himmel ein bunter Regenbogen. Seine Farben reichen von rot-orange bis violett.

Die Jahreszeiten

Eine Jahreszeit ist ein bestimmter Abschnitt im Jahr, in dem Wetter und Temperatur ungefähr gleich bleiben. Die vier Jahreszeiten heißen Frühling, Sommer, Herbst und Winter.

Im Frühling werden die Tage länger, es wird milder und die ersten Blätter und Blüten sprießen…

Aufgrund des Neigungswinkels der Erde ist auf der einen Erdhalbkugel Sommer und auf der anderen zur gleichen Zeit Winter.

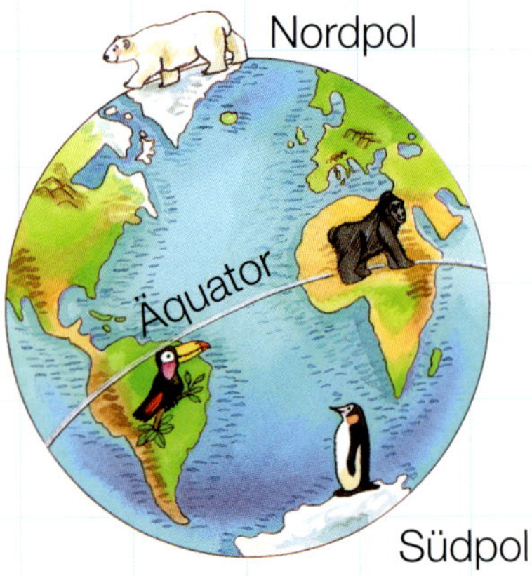

In den Polargebieten gibt es nur zwei Jahreszeiten. Jede dauert sechs Monate: Im eisigen Winter ist es Tag und Nacht dunkel. Im kalten Sommer geht die Sonne dagegen niemals unter.

Am Äquator gibt es keine Jahreszeiten. Dort ist das ganze Jahr Sommer.

Im Sommer sind die Nächte kurz. Die Sonne geht früh auf und spät unter. Der Himmel ist oft wolkenlos und es ist heiß. Manchmal gibt es ein Gewitter mit heftigen Regengüssen. Jetzt werden Sommerfrüchte und Getreide geerntet.

Wann sind die Tage am kürzesten?

Im Herbst werden die Tage kürzer und es regnet häufiger. Der Himmel ist meist grau und die Temperatur fällt. Die Vögel ziehen in den warmen Süden. Jetzt ist die Zeit für Kastanien, Pilze und Trauben gekommen.

Im Winter ruht die Natur und die Nächte sind lang. Die Sonne geht schon früh unter. Es ist kalt und manchmal friert oder schneit es. Die Bäume haben ihre Blätter abgeworfen, die Felder liegen brach und manche Tiere halten Winterschlaf.

Ordne jedes Bild einer Jahreszeit zu!

Jede Jahreszeit dauert drei Monate. Die Natur verändert sich ständig. Ein Blick auf Bäume und Felder genügt und man weiß, welche Jahreszeit gerade herrscht. Je nach Jahreszeit muss man sich unterschiedlich warm anziehen.

Der Baum

Ein Baum ist eine große Pflanze mit einem Stamm, Ästen und Blättern oder Nadeln. Über die Wurzeln nimmt er Nahrung auf, er atmet über die Blätter und erzeugt Früchte. Wenn er gesund ist, kann er mehrere hundert Jahre alt werden.

Die Baumspitze nennt man auch Wipfel.

Bäume sind für Menschen lebenswichtig. Sie wandeln das schädliche Gas Kohlendioxid in kostbaren Sauerstoff um.

Eine Eiche entsteht

Die Frucht der Eiche heißt Eichel.

1. Im Herbst fällt die Eichel zu Boden.
2. Die Eichel keimt und ein Spross beginnt zu wachsen. Er ernährt sich von der Eichel.
3. Nach und nach entwickeln sich die ersten Blätter. Die Wurzeln breiten sich weiter aus und versorgen die Pflanze mit Nahrung. Die Eichel zerfällt. Sie wird jetzt nicht mehr benötigt.

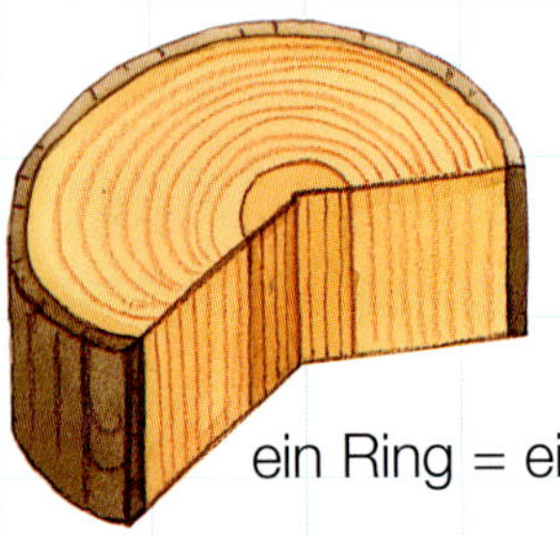

Die Jahresringe und der Umfang des Baumstamms verraten das Alter des Baums.

Wie heißt die Frucht der Eiche?

Die meisten Blätter sind grün. Ihre Form ist je nach Baumart verschieden.

Menschen essen die Früchte der Obstbäume. Tiere ernähren sich von den Früchten der Waldbäume.

Vom Stamm gehen dickere und dünnere Äste ab. An ihnen hängen Blätter und Früchte.

Der Nährsaft besteht aus Wasser und Salzen. Es versorgt den Baum mit Nährstoffen.

Die Rinde schützt den Baum vor Kälte, Hitze und Krankheitserregern.

Der Stamm reicht von den Wurzeln bis zu den Ästen.

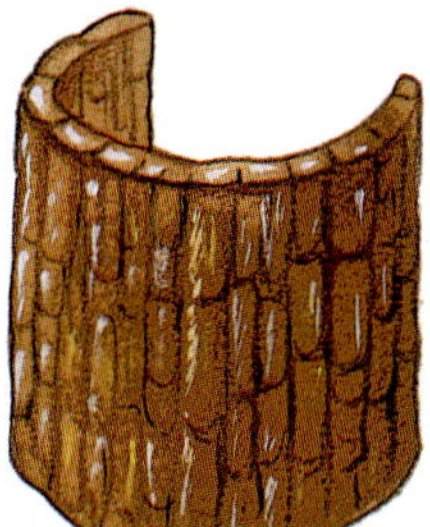

Die Rinde der Korkeiche wird zu Flaschenkorken weiterverarbeitet.

Die Wurzeln sind in der Erde verankert und nehmen dort Wasser und Nährstoffe auf.

Die Entwicklung von Blüten und Blättern

Im Winter sind die jungen Knospen unter Schalen versteckt und gut vor Kälte und Regen geschützt.

Im Frühling steigt Nährsaft im Baum auf und die Schalen öffnen sich langsam.

Kleine Blätter und Blüten kommen zum Vorschein. Sie wachsen und das Knospengehäuse fällt ab.

Aus den Blüten sind Früchte geworden.

Baumarten

Bäume unterscheiden sich in Größe und Form. Nadelbäume sind meist das ganze Jahr über grün, Laubbäume werfen ihre Blätter hingegen im Herbst ab.

Bäume wie die Eiche oder die Linde heißen Laubbäume. Im Herbst verlieren sie ihren Blätterschmuck.

Bonsais sind Miniaturbäume. Ihre Wurzeln und Äste werden gestutzt, sodass die Bäumchen nicht weiter wachsen.

Pinien-zapfen

Die Pinie wächst meist in sonnigen und trockenen Regionen.

Die Fichte, häufig unser Weihnachtsbaum, gedeiht in den Bergen und im Tal.

Mangrovenbäume wachsen in warmen Gebieten im Wasser. Ihre Wurzeln verschwinden nicht im Boden, sondern sind im Schlamm verankert.

Die Trauerweide steht oft am Wasser.

Die Früchte des Kastanienbaums heißen Kastanien.

Die Pappel liebt feuchte Böden.

Wie nennt man die Früchte von Pinien und Fichten?

Bäume wie Pinien, Tannen oder Lärchen tragen Nadeln. Ihre Früchte heißen Zapfen. Außer der Lärche sind Nadelbäume das ganze Jahr über grün.

Palmen haben keine Äste, sondern bilden stattdessen große, feste Blätter, die Palmzweige. Wenn eine Palme wächst, fallen alte Zweige ab und neue entstehen.

Die Lärche verträgt Frost. Sie wächst in höheren Berglagen.

Die Äste der Zypresse wachsen alle gen Himmel.

Die Nadeln der Zeder sind büschelweise angeordnet.

Palmen wachsen in südlichen Ländern.

Der Kirschbaum ist ein Obstbaum und trägt rote Früchte.

Der Olivenbaum braucht Sonne und Wärme.

Rekordbäume

Der Eukalyptusbaum kann die Höhe eines 40-stöckigen Hochhauses erreichen. Der Mammutbaum wird über 100 Meter hoch.

Der dicke Stamm des Affenbrotbaums dient als Wasserspeicher. Nur eine Kette aus 20 Menschen kann ihn umspannen.

Pflanzen

Pflanzen wachsen überall. Sie haben sich an ihre Umgebung angepasst und können je nach Standort sowohl Kälte als auch Hitze vertragen. Nicht alle Pflanzen bilden Blüten. Pflanzen ohne Blüten gab es schon vor Jahrmillionen auf der Erde.

Farne zählen zu den ersten Pflanzen, die auf der Erde wuchsen. Sie bilden keine Blüten. In den Regenwäldern gedeihen Riesenfarne.

Heckenpflanzen: Hecken dienen als Windschutz für Felder und Gärten. Sie bieten Vögeln und Insekten wertvollen Lebensraum. Im Frühling schmücken die Blüten von Geißblatt, Winde, Heckenrose und Rot- und Weißdorn die Landschaft.

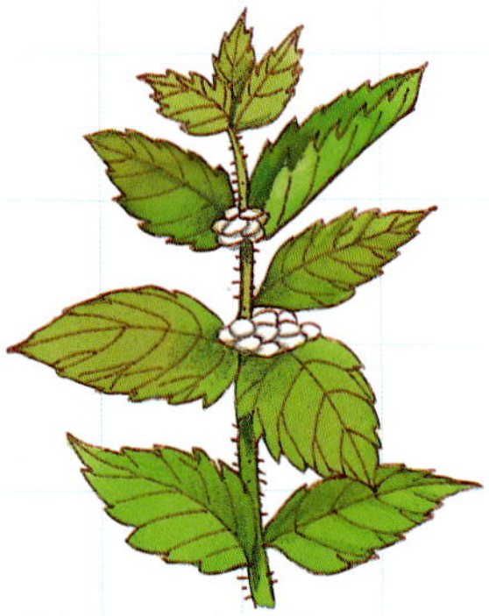

Die Blätter der Brennnessel sind mit kleinen Härchen überzogen, die eine stechende Flüssigkeit absondern. Deshalb sollte man Brennnesseln besser nicht mit der bloßen Hand anfassen. Die Pflanze ist weit verbreitet.

Wasserpflanzen wie Rohrkolben, Schwertlilie, Schilfrohr und Seerose gedeihen an und in Flüssen, Seen und Sümpfen.

Algen wachsen unter Wasser, haben keine Wurzeln und werden von Fischen gefressen

Wie nennt man Pflanzen, die Insekten fressen?

Schmarotzer

Diese Pflanzen setzen sich mit Vorliebe an Bäumen fest. Efeu klebt mit starken Haftwurzeln an der Rinde und nimmt dem Baum die Luft. Die Wurzeln der Misteln bohren sich in den Baum und entziehen ihm seine Nährstoffe. Moos bildet sich oft auf gefällten Bäume.

Wüstenpflanzen sind Hitze und Trockenheit angepasst. Der Lebende Stein öffnet sich nur bei Regen. Kakteen speichern in ihren mächtigen Trieben Wasser. Ihre Blätter haben sich zu Dornen umgebildet.

Fleisch fressende Pflanzen ernähren sich von Insekten. Der Boden, auf dem sie wachsen, bietet nicht genügend Nährstoffe. Sie locken ihre Beute mit schönen Farben oder Düften an.

Pilze

Pilze wachsen im Wald und auf Feldern. Einige sind essbar, andere giftig. Unbekannte Pilze soll man auf keinen Fall essen!

Essbar

Steinpilz

Pfifferling

Morchel

Totentrompete

Giftig

nicht pflücken und nicht essen!

Fliegenpilz

Grüner Knollenblätterpilz

Satanspilz

Frühlingsknollenblätterpilz

Blumen

Im Frühling sprießen auf den Feldern und Wiesen und im Garten bunte Blumen. Die leuchtenden Farben ihrer Blütenblätter und ihr süßer Duft locken Insekten an. Diese bestäuben die Blüten.

Garten

Die Rose blüht im Sommer.

Aufbau einer Blume

Die Biene sammelt Blütenstaub und befruchtet dabei verschiedene Blüten.

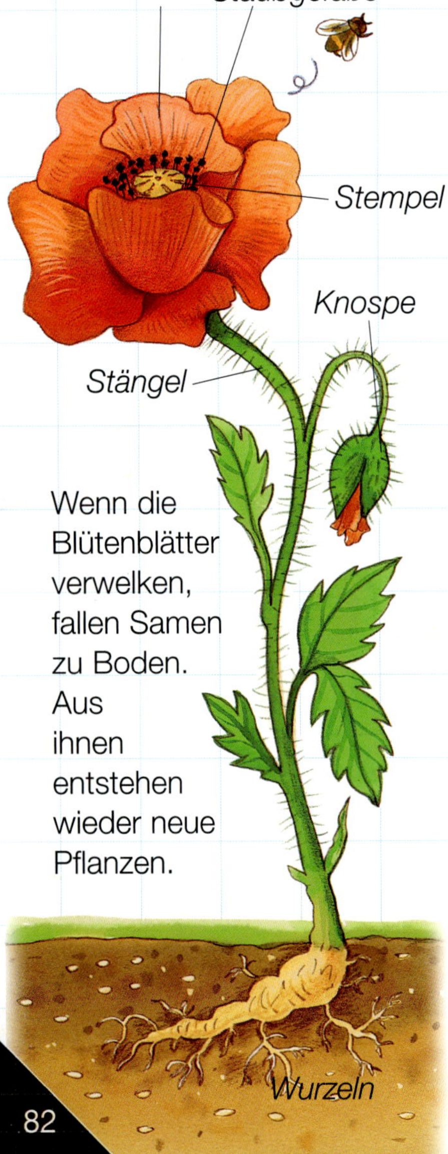

Wenn die Blütenblätter verwelken, fallen Samen zu Boden. Aus ihnen entstehen wieder neue Pflanzen.

Feldblumen

Der Mohn blüht im Sommer an Feld- und Wegrändern.

Schlüsselblumen kündigen den Frühling an.

Butterblumen wachsen auf feuchten Wiesen

Waldblumen

Veilchen sind lila oder weiß und duften stark.

Verliebte schenken sich Maiglöckchen.

Osterglocken sind Frühlingsboten.

und Balkonpflanzen

Tulpen wachsen und blühen im Frühling.

Nelken säumen die Gartenwege.

Geranien schmücken die Balkone.

Kornblumen findet man immer seltener.

Mit Margariten macht man Auszählspiele.

Das Gänseblümchen wächst auf allen Wiesen.

Bergblumen

m Frühling leuchten Hyazinthen im Unterholz.

Schneeglöckchen blühen oft noch im Schnee.

Das Edelweiß ist eine geschützte Blume im Hochgebirge.

Der reiselustige Löwenzahn

Der Löwenzahn blüht im Frühling.

Seine Blüten welken und die Samen werden vom Wind fortgetragen.

Die Samen fallen zu Boden. Wenn sie keimen, entstehen neue Pflanzen.

Gemüse

Gemüsearten sind Pflanzen oder Früchte, die man roh oder gekocht verspeist. Sie wachsen in Gärten oder auf Feldern. Plastikdächer oder Treibhäuser schützen empfindliche Arten vor Kälte und Frost.

Kopfsalat hat grüne Blätter.

Wie man Kartoffeln anbaut

Keimende Kartoffeln werden in die Erde gesetzt. Die Keime sind die kleinen, weißen Stängel, die aus überreifen Kartoffeln wachsen. Im Boden werden die Keime größer, sie durchbrechen die Erdoberfläche und bekommen Blätter. Unter der Erde löst sich die alte Kartoffel auf und an den Wurzeln entstehen neue Kartoffeln.

Weißkohl

Blumenkohl

Spargel

Von diesem Gemüse isst man die Wurzeln oder Knollen.

Radieschen

Karotte

Rübe

Dieses Gemüs

Ein Kürbis kann bis zu 100 kg wiegen!

Die Aubergine hat eine glatte, violette Oberfläche

Nenne zwei Arten, auf die man Kartoffeln zubereiten kann!

Vom Salat isst man die Blätter.

Endiviensalat hat gekräuselte Blätter.

Schikoree hellt im Dunkeln auf.

Löwenzahn pflückt man auf dem Feld.

Kresse wächst im Wasser.

Grüne Bohnen

Erbsen

Artischocke

Lauch

Sellerie

Kartoffeln

Schalotten

Knoblauch

Zwiebel

Diese Gemüsearten geben dem Essen Würze.

ächst auf dem Boden.

Die Blüten der Zucchini sind essbar.

Salatgurke und Gewürzgurke gehören zur selben Familie.

Paprika gibt es in verschiedenen Farben.

Obst

Es gibt eine große Auswahl an leckeren Früchten. Sie sind voller Vitamine und sind wichtig für die Gesundheit. Manche Früchte wachsen auf Bäumen, andere auf Sträuchern oder Kletterpflanzen.

Kirsche
Kirschbaum

Olive
Olivenbaum

Früchte entstehen aus Blüten. Insekten sorgen für die Bestäubung.

Apfel
Apfelbaum

Aprikose
Aprikosenbaum

Pflaume
Pflaumenbaum

Stein

Pfirsich
Pfirsichbaum

Birne
Birnbaum

Quitte
Quittenbaum

Es gibt Steinobst wie den Pfirsich oder die Kirsche und Kernobst wie den Apfel oder die Birne.

Die Ananaspflanze ist eine Staude.

Kern

Banane
Bananenstaude

Die Kiwi ist eine Kletterpflanze.

Zähle drei Nussarten auf!

Gartenerdbeere

Walderdbeere

Wassermelone

Honigmelone

Tomate

Johannisbeere
Johannisbeerstrauch

Brombeere
Brombeerstrauch

Himbeere, Himbeerstrauch

Nüsse

Haselnuss
Haselnussstrauch

Walnuss
Walnussbaum

Maronen
Edelkastanie

Trauben
Getrocknet heißen sie Rosinen.

Zitrusfrüchte

Grapefruit
Grapefruitbaum

Orange
Orangenbaum

Mandarine
Mandarinenbaum

Zitrone
Zitronenbaum

Getreide

Getreide wird auf der ganzen Welt angebaut. In den Ähren befinden sich aneinander gereihte Getreidekörner, die Mensch und Tier als Nahrung dienen. Brot kann man aus unterschiedlichen Getreidearten herstellen.

Früher brachten die Bauern ihren Weizen zum Mahlen in eine Windmühle. Das Windrad setzte einen großen Mühlstein in Bewegung. Die Getreidekörner wurden zerkleinert und es entstand Mehl.

Der Müller schüttet oben Getreide in die Maschine. Unten kommt Mehl heraus.

Mais

Der Bauer füttert seine Tiere mit Zuckermais oder Maismehl. Menschen essen Mais gekocht, im Salat oder als Popcorn. Außerdem wird aus Mais Öl gewonnen.

Reis

Jeden Tag essen Millionen Menschen Reis. Er ist manchmal das einzige Nahrungsmittel. Es gibt über zehn verschiedene Reissorten. Reis gedeiht bei feuchter Wärme. Deshalb baut man ihn auf überfluteten Böden an, den so genannten Reisfeldern. Aus Reisgras werden Hüte, Körbe und Dächer gefertigt.

Aus welchem Getreide macht man Popcorn?

Weizen

Im Sommer wird der Weizen geerntet. Mähdrescher trennen beim Ernten die Ähren von den Stängeln. Die Weizenkörner werden zu Mehl gemahlen, aus dem Brot, Kuchen und Teigwaren hergestellt wird. Auch das Federvieh bekommt Getreidekörner zu fressen.

Gerste, Roggen und Hafer

Aus Roggenmehl stellt man dunkle Brote und Kuchen her. Gerste braucht man fürs Bierbrauen. Hafer wird vor allem an Pferde verfüttert.

Hirse

Verschiedene Sorten dieses Getreides werden vor allem in Afrika angebaut. Hirse ist gut an die trockene Hitze angepasst. Die Körner werden zu Mehl gemahlen oder in Wasser gekocht. Auch an Tiere wird Hirse verfüttert.

Brot backen

Der Bäcker stellt aus Mehl, Wasser, Salz und Hefe mit der Knetmaschine einen Teig her.

Aus dem Teig formt er längliche oder runde Brote.

Mit einem Holzschieber werden die Brote in den heißen Ofen befördert und dort gebacken, bis sich eine knusprige Kruste bildet.

Der Lauf der Flüsse

Flüsse fließen von den Bergen übers Land ins Meer. Sie entspringen aus Quellen oder entstehen durch starke Regenfälle oder nach der Schneeschmelze.

Wildbäche stürzen mit rasender Geschwindigkeit die Berghänge hinunter.

Es gibt kleinere Flüsse, die in andere Flüsse oder in große Ströme münden.

Ein Staudamm ist eine breite Mauer, die den Flusslauf unterbricht und das Wasser staut. Das gestaute Wasser sammelt sich in einem Stausee. Mithilfe von Wasserkraft wird Elektrizität erzeugt.

Atomkraftwerke brauchen Wasser, um ihre Anlagen zu kühlen. Deshalb werden sie oft in der Nähe von Flüssen errichtet.

Wohin fließen die großen Flüsse?

Wildbäche und kleinere Flüsse münden manchmal in Seen. Seen sind verschieden große Wasserbecken. Manche sind so riesig, dass man sie für Meere halten könnte.

Auf breiten Strömen verkehren Lastkähne. Sie transportieren Waren.

Ein Fluss bahnt sich seinen Weg durchs Gelände. Weichere Felsen höhlt er aus, härterem Gestein weicht er aus. Ein Fluss führt Sand und Kieselsteine mit sich und mündet in ein Meer oder in einen Ozean.

Schleusen

Manchmal fließt ein Fluss durch abfallendes Gelände. Dann werden Schleusen gebaut. Das sind „Treppen“ für Schiffe.

Das Schiff passiert ein Tor und gelangt in die Schleusenkammer.

Das Tor schließt sich und es tritt Wasser ein. Der Wasserstand steigt.

Ist der Höhenunterschied ausgeglichen, kann das Schiff weiterfahren.

Auf dem Land

Ländliche Gegenden sind flach oder leicht hügelig. Dort findet man Dörfer, Bauernhäuser und Äcker. Auf den Wiesen weiden Schafe, Pferde und Rinder und auf den Straßen begegnet man Traktoren und Landmaschinen.

Die Weiden sind von Elektrozäunen oder dichten Hecken umgeben, damit die Tiere nicht weglaufen.

Je nach Jahreszeit verändert sich die Landschaft. Im Sommer setzen Weizen, Roggen und Hafer gelbe Farbtupfer zwischen grüne Wiesen und Wälder. Im Spätherbst und im Winter liegen die Felder brach. Im Frühjahr sprießen die ersten Keime. Alles wird wieder grün.

Im Herbst ist die Zeit Traubenernte. Man kann die Früchte essen oder Wein daraus machen.

Im Sommer fressen die Rinder das Gras oft auf der Weide. Im Winter verfüttert der Bauer Heu, das er in einer Scheune gelagert hat.

Wie heißt das getrocknete Gras, das man an Tiere verfüttert?

Zu einem Bauernhof gehören das Bauernhaus, die Stallungen, die Scheunen, ein Traktor und Maschinen. Der Landwirt baut Getreide oder Kartoffeln an. Wenn er Tiere hält, wird ein Teil der Ernte als Tierfutter verwertet. Bauernhöfe können in Dörfern oder vereinzelt inmitten der Felder stehen.

Im Sommer wird das Gras gemäht und getrocknet. So entsteht Heu.

Die Rinder fressen Gras und trinken Wasser aus der Tränke.

Feldarbeit

Ehe die Samen ausgesät werden, lockert man die Erde.

Mit einer Sämaschine werden die Samen eingesetzt.

Im Sommer ist Erntezeit. Mit dem Mähdrescher wird das Getreide geerntet.

Am Meer

Meeresküsten sehen unterschiedlich aus: Es gibt Sand- oder Kieselstrände, Steilküsten, Felsvorsprünge oder Dünen. Dünen sind Sandberge, die bis zu 200 m hoch werden können.

Die Farbe des Meeres ändert sich mit der Farbe des Himmels. Doch auch der Meeresboden ist entscheidend. Bei weißem Sand, grauen Felsen oder grünen Algen nimmt auch das Wasser jeweils eine andere Farbe an.

Der Bademeister wacht über die Sicherheit der Badegäste.

Meerwasser ist salzig. Wenn man sich nach dem Baden nicht abtrocknet, bleiben kleine weiße Salzspuren auf der Haut zurück.

An Kieselstränden findet man große Steine. Sie sind einst von Steilküsten abgebrochen und ins Meer gefallen. Das Wasser hat sie rund geschliffen.

Die Farbe der gehissten Fahne zeigt an, ob man baden kann.

Salinen sind seichte Wasserbecken, in denen das Meerwasser verdunstet. Zurück bleibt das Meersalz, das gesammelt und verkauft wird.

Welche Landstücke sind ganz von Wasser umgeben?

Sand besteht aus winzigen Fels- oder Muschelstücken, die die Wellen klein gemahlen haben. Es gibt feinen und groben Sand.

Die Felsen der weißen Steilküsten werden vom Meerwasser immer weiter ausgehöhlt.

Inseln sind Landstücke, die ganz von Wasser umgeben sind.

Die Gezeiten

Der Meeresspiegel hebt und senkt sich 2-mal am Tag. Das sind die Gezeiten: Ebbe und Flut. Bei Ebbe können Schiffe auf Grund laufen.

Bei Mont-Saint-Michel in Frankreich weicht das Meer bei Ebbe 18 km zurück.

Baden erlaubt

Achtung Gefahr

Baden verboten

Im Gebirge

Berge sind große Hügel. Der höchste Punkt heißt Gipfel. Die Gipfel älterer Berge sind rund, die Gipfel jüngerer Berge spitz. Im Winter sind die Bergkuppen mit Schnee bedeckt und die Bäche gefroren. Die Tiere verkriechen sich.

Bergsteiger

Adler

Der Braunbär kommt in Europa nur noch in sehr wenigen Gegenden vor. Er ernährt sich von Pflanzen, Fischen und Honig.

Gämse und Steinbock springen von Fels zu Fels. Sie bewegen sich sicher und flink im steilen Gelände.

Das Murmeltier verschläft den Winter in seinem warmen Bau.

Im Sommer treiben die Hirten ihre Rinder und Schafe auf die Hochalmen. Bergsteiger erklimmen hohe Gipfel.

Sind im Winter Murmeltiere unterwegs?

Im Winter bevölkern Wintersportler die Berghänge. Sessellifte, Schlepplifte und Gondeln befördern Ski- und Snowboardfahrer nach oben. Auf den Berghütten kehrt man ein.

Auf ihrem vernichtenden Weg ins Tal reißt eine Schneelawine alles mit sich fort.

Im Frühling blühen bunte Blumen auf den Bergwiesen. Du darfst sie nicht pflücken!

Vulkane

Vulkane sind Berge, die Feuer speien. Sie bestehen aus Felsen und alter Asche. Es gibt Millionen von ihnen auf der Erde. Nur wenige sind noch aktiv. Einige liegen unter Wasser.

Das Loch im Gipfel eines Vulkans nennt man Krater. Aus ihm treten Lava, Rauch und Gase aus.

Tief in der Erde ist es so heiß, dass Steine zu Magma schmelzen. Magma ist eine zähflüssige, glühende Masse. Wenn sie die Erdoberfläche durchstößt, entsteht ein Vulkan. Als die Erde vor 4,5 Milliarden Jahren entstanden ist, war sie über und über mit Vulkanen bedeckt.

Wenn ein Vulkan Feuer speit, ist er aktiv.

Ein Vulkanologe erforscht Vulkane. Er versucht den nächsten Ausbruch zu berechnen, indem er die Temperatur der Lava und Bewegungen im Gestein misst.

Wo kommt die Lava her?

In der Mitte des Kraters befindet sich ein langer Schlot. Durch diesen Kanal tritt das Magma aus.

Vulkane können auf dem Land oder unter Wasser entstehen. Im Ozean bilden sich oft Vulkaninseln.

Viele Vulkane sind erloschen. Ihre Krater sind mit Wasser gefüllt oder mit Bäumen bewachsen. Andere ruhen nur und können jeden Moment wieder ausbrechen.

Im Jahre 79 n. Chr. brach in Italien der Vulkan Vesuv aus. Diese Katastrophe kostete in der Stadt Pompeji tausenden Menschen das Leben.

Bodenschätze

Das Erdinnere birgt viele kostbare Stoffe, die von den Menschen genutzt und weiterverarbeitet werden: Kohle, Erdöl, Gas, Gestein, Edelsteine, Metalle und Edelmetalle wie Silber und Gold.

Kohle ist in Millionen von Jahren aus abgestorbenen Pflanzen unter Gesteinsschichten entstanden. Heute wird sie in Bergwerken abgebaut.

Der Bergmann arbeitet in einem Bergwerk. Erze sind Gesteine, die Metalle enthalten. Sie werden in den Bergwerken abgebaut, dann zerkleinert, gesäubert und eingeschmolzen.

Eisen

Eisen ist ein hartes Metall, aber leicht zu bearbeiten. Aus ihm kann man Stahl herstellen.

Kupfer

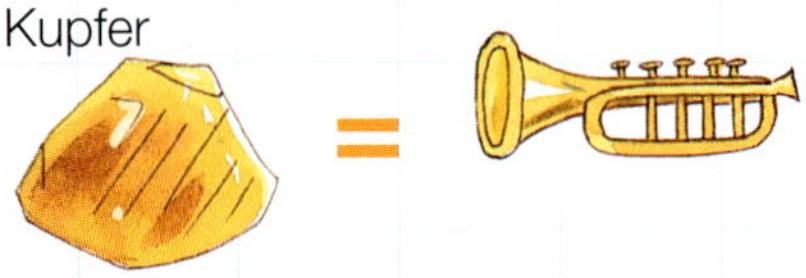

Aus gelbem oder rotem Kupfer stellt man Kochgeschirr, Musikinstrumente und Kunstgegenstände her.

Aluminium

Aus Aluminium fertigt man Autos, Flugzeuge und Töpfe.

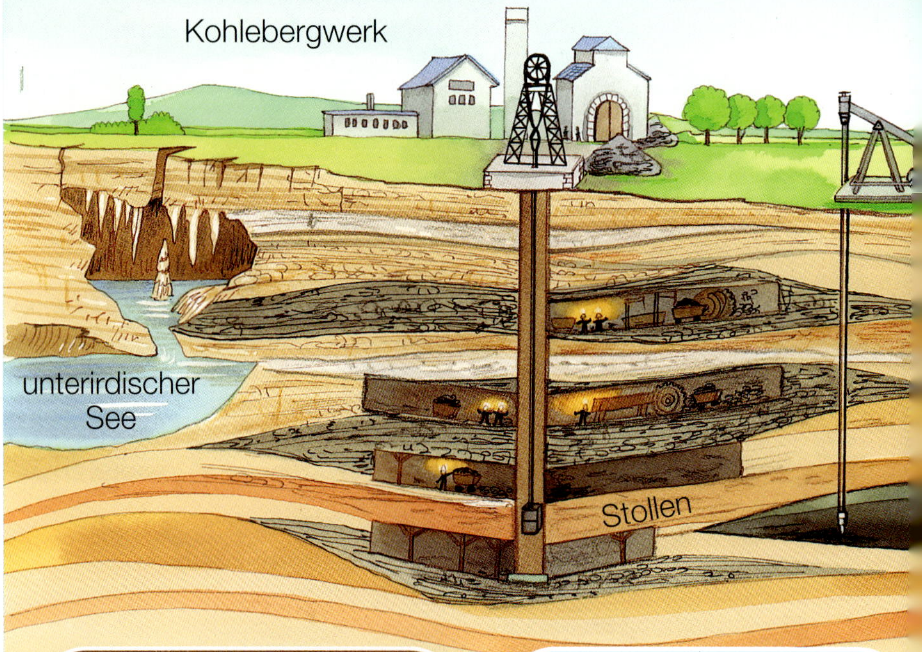

Diamant (1), Rubin (2), Smaragd (3) und Saphir (4) sind Edelsteine. Der Diamant ist am härtesten.

Granit ist ein hartes Gestein. Mit Schiefer deckt man Dächer. Aus Kalk wird Gips hergestellt.

Die Bergmänner fahren mit Aufzügen in die Stollen hinab. Mit schweren Geräten bauen sie die Kohle ab.

Erdöl

Erdöl ist aus abgestorbenen Tierchen und Algen entstanden, die im Meeresboden versunken sind. Von einer Bohrinsel aus gräbt man tiefe Löcher in den Meeresboden und fördert das Erdöl zu Tage.

Auch an Land findet man im Boden Erdöl, nämlich in Regionen, die früher von Meerwasser bedeckt waren. Von großen Bohrtürmen aus gräbt man nach den Quellen.

Braunkohle und einige Metalle werden im Tagebau abgebaut. Große Bagger tragen das Gestein schichtweise ab. Eine runde Vertiefung entsteht. Lastwagen laden Kohle und Erz auf.

Edelmetalle

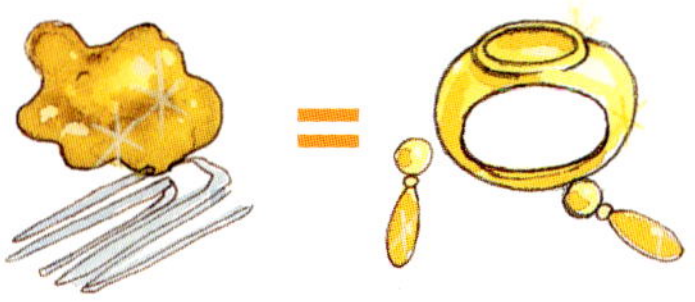

Von jeher werden aus Gold und Silber Geld und Schmuckstücke hergestellt.

Gold wird im Allgemeinen in Minen abgebaut. Goldsucher finden es aber auch in Flüssen. Die Suche ist allerdings sehr mühsam.

Schon die alten Ägypter verarbeiteten Gold. Sie machten daraus Totenmasken und Schmuck.

Dinosaurier

Dinosaurier lebten vor vielen Millionen Jahren. Ihre Knochen sind über den ganzen Erdball verstreut. Wissenschaftler bauen ihre Skelette nach. Dadurch wissen wir heute, wie die Dinosaurier aussahen.

Ein Paläontologe erforscht Dinosaurier.

Am Gebiss kann man die Saurier unterscheiden: Fleischfresser haben spitze, Pflanzenfresser runde und unebene Zähne.

Saurier gehören zu den Reptilien. Sie sind mit den Schlangen und den Schildkröten verwandt und legen Eier.

Es gibt über hundert Dinosaurierarten. Immer wieder entdeckt man neue. Ihre Skelette sind in Museen ausgestellt.

① Der Diplodocus besaß einen langen Hals und einen langen Schwanz. Er verschlang tonnenweise Pflanzen.

③ Der Triceratops hatte drei Hörner und war sehr angriffslustig.

Legten die Dinosaurier Eier?

(5) Der Quetzalcoatlus war ein riesiger Flugsaurier.

(2) Der Tyrannosaurus war ein gefährlicher Fleischfresser. Er hatte ein riesiges Gebiss mit scharfen Zähnen.

(4) Der Stegosaurus trug große Schildplatten auf dem Rücken, hatte einen Schwanz mit Stacheln und fraß Pflanzen.

Das größte fliegende Reptil war der Quetzalcoatlus. Er hatte die Größe eines Kleinflugzeugs.

Der Diplodocus war so lang wie drei Lastwagen hintereinander.

Der kleinste Saurier war so groß wie ein Truthahn.

Die Dinosaurier lebten 140 Millionen Jahre auf der Erde.

Haustiere

Ein Haustier nimmt viel Zeit in Anspruch. Es braucht Pflege und Zuwendung. Man muss es füttern, sauber halten, mit ihm spielen, es streicheln und ausführen.

Die Tierarzt versorgt kranke Tiere.

Tiere sind kein Spielzeug. Geh vorsichtig und liebevoll mit ihnen um!

Es gibt viele verschiedene Hunderassen. Manche Hunde sind groß, andere klein, Schoßhunde verbringen den Tag auf dem Sofa, Jagd- oder Schlittenhunde müssen jeden Tag ins Freie.

In den Ferien lässt man seinen Hund bei Freunden, Nachbarn oder in einer Tierpension. Auf keinen Fall setzt man ihn aus.

Hamster und Meerschweinchen brauchen große Käfige, in denen sie spielen können.

Die Wasserschildkröte lebt in einem Aquarium, die Landschildkröte läuft im Sommer durch den Garten.

Welcher Arzt kümmert sich um kranke Tiere?

Katzen zählen wie Löwen und Panter zu den Raubtieren. Doch sie sind nicht gefährlich. Sie streunen gerne im Freien herum. Zu Hause sind sie oft sehr anhänglich. Wenn man sie streichelt, schnurren sie.

Kaninchen sind gerne in Gesellschaft. Sie sind zutraulich, flink und kuschelig.

Weiße Mäuse sind sehr verspielt und mögen Wärme. Sie vertragen keine Zugluft.

Kanarienvögel, Wellensittiche und Papageien sitzen gerne außerhalb ihres Käfigs.

Ein Goldfischglas ist nicht geeignet. Viel wohler fühlen sich die Goldfische im Aquarium.

Wir kaufen ein Haustier

Haustiere kann man aus dem Tierheim holen oder in einem Zoogeschäft kaufen. Im Impfausweis sind das Geburtsdatum des Tiers und Impfungen eingetragen.

Haustiere muss man bald nach dem Kauf von einem Tierarzt untersuchen lassen. Dort erhält man auch nützliche Tipps zur richtigen Fütterung und Pflege.

Tiere auf dem Bauernhof

Auf dem Bauernhof gibt es viele Tiere: Kühe, Kaninchen, den Hahn und seine Hennen, Pferde, Schafe und Schweine. Manche Tiere grasen tagsüber auf der Weide. Nachts schlafen alle in ihren Ställen.

Früher wurden Pferde vor den Heuwagen gespannt. Heute ziehen Traktoren verschiedene Anhänger und Maschinen.

Der Bauer

Aus dem Ei, das die Henne gelegt hat, schlüpft ein Küken.

Morgens und abends muss der Bauer seine Kühe melken. Aus der Milch werden Käse, Butter und Sahne hergestellt. Früher hat man mit der Hand gemolken. Heute erledigen Maschinen diese Aufgabe.

Wo tummeln sich die Enten?

Bei den Schafen heißt das Männchen Widder, das Weibchen Mutterschaf und das Junge Lamm. Bei den Schweinen heißt das Männchen Eber, das Weibchen Sau und das Junge Ferkel.

Enten, Hühner, Gänse und Puten nennt man Geflügel.

Welches Tier gibt welchen Laut von sich?

Tiere der Savanne

Die Savanne ist ein flaches Grasland. Während der Trockenzeit verdorren die Wiesen und die Wasserstellen trocknen aus. Dennoch leben hier viele Tiere.

Der Löwe ist der König der Tiere. Er döst im Schatten, während die Löwin die Jungen aufzieht und auf Jagd geht, um die Familie zu ernähren.

Die langbeinige Giraffe muss die Beine weit auseinander stellen, um an der Wasserstelle trinken zu können.

Das Nashorn ist ein Einzelgänger. Oft sitzen Vögel auf seinem Rücken, die nach Insekten picken.

Gnus gehen nur in der Herde auf Nahrungssuche.

Der Gepard ist der schnellste Läufer.

Welches Tier hat den längsten Hals?

Hyänen sehen großen Hunden ähnlich. Sie haben ein kräftiges Gebiss und greifen verletzte oder kranke Tiere an.

Elefanten halten sich gerne nahe am Wasser auf. Die Pflanzenfresser ziehen auf Nahrungssuche weit umher. Mit dem Rüssel trinken sie, angeln nach Blättern, duschen sich ab und waschen die Jungen.

Das Nilpferd faulenzt den ganzen Tag im Wasser. Seine Haut verträgt keine Sonne und braucht immer Kühlung. Nur nachts macht es sich auf die Suche nach Gras und Kräutern. Seine Jungen kommen im Wasser zur Welt.

Tiere auf Feldern

Im Sommer bieten hohes Gras, Büsche, Hecken, Weizen- und Maisfelder den Tieren gute Versteckmöglichkeiten. Im Winter suchen die Feld- und Wiesenbewohner in Erdbauten und unter Blättern oder Steinen Schutz vor Kälte.

Im Sommer geht der Igel nachts auf Jagd nach Schnecken, Ratten, Maulwürfen, Eidechsen oder Vipern. Bei Gefahr rollt er sich ein und stellt seine spitzen Stacheln auf.

Die Weinbergschnecke legt ihre Eier durch eine Öffnung hinter den Fühlern in einem Erdloch ab.

Im Winter rollt sich der Igel zwischen Baumwurzeln und unter Blättern ein. Dort hält er seinen Winterschlaf.

In was verwandelt sich die Kaulquappe?

Hasen und Kaninchen sehen sich sehr ähnlich. Doch Hasen haben längere Ohren und größere Hinterpfoten. Kaninchen wohnen in einem Erdbau, Hasen in einem Erdloch.

Der Maulwurf gräbt mit seinen Schaufeln unterirdische Gänge.

Auf den Feldern verraten den Maulwurf kleine Erdhügel, die so genannten Maulwurfshügel.

Ein Frosch kommt zur Welt

Nach der Paarung legt das Froschweibchen Millionen von Eiern ab.

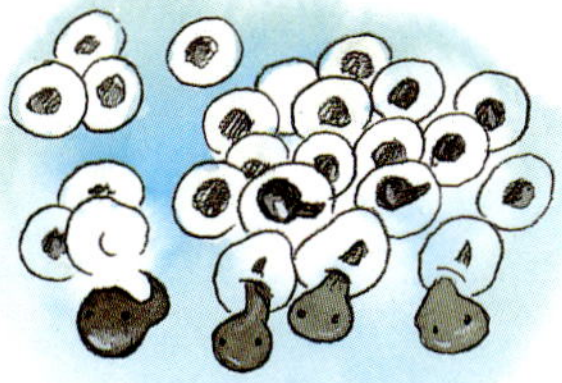

Nach einer Woche schlüpfen kleine Kaulquappen. Sie haben keine Augen und keinen Mund.

Zwei oder drei Tage später entwickeln sich Augen, Mund, Schwanz, Hinter- und Vorderbeine. Aus der Kaulquappe ist ein Frosch geworden.

Insekten

Es gibt Millionen von Insekten auf der Erde. Sie leben sowohl in den heißesten als auch in den kältesten Regionen. Einige können fliegen, andere krabbeln in der Erde wie die Ameisen.

Der Imker züchtet Bienen in Bienenkästen und gewinnt Honig und Wachs.

Ein Bienenschwarm lebt in Fels- oder Baumhöhlen oder in den Bienenkästen eines Imkers. Die Königin ist die größte Biene eines Schwarms. Sie legt ihre Eier in Waben ab. Das sind kleine Wachsfächer.

Aus jedem Ei schlüpft eine Larve, die sich in eine Biene verwandelt. Die Arbeitsbienen sammeln Nektar und ernähren den Schwarm. Sie sondern Wachs ab und bauen die Waben. Sie halten den Bienenstock sauber und versorgen die Larven.

Körperbau eines Insekts

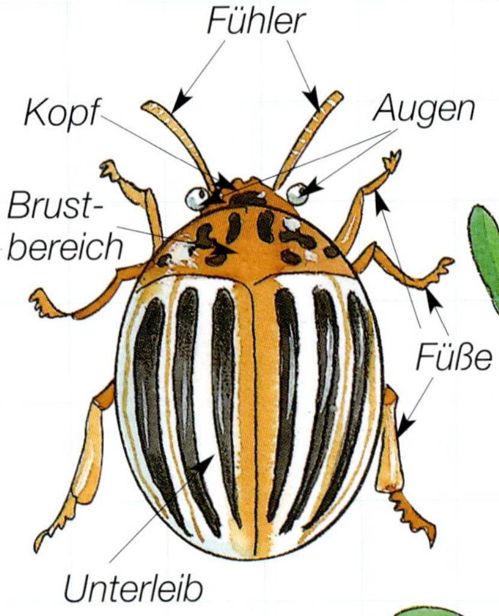

Jedes Insekt besitzt die drei Köperteile Kopf, Brust und Unterleib sowie sechs Füße.

Die Ameisen

Ein Ameisenvolk ist gut organisiert, denn jede Ameise erfüllt eine bestimmte Aufgabe. Die männlichen Ameisen befruchten die Königin. Die Königin legt die Eier ab.

Die Arbeitsameisen kümmern sich um die Larven und schaffen Blätter und Nahrung herbei. Die Wächterameisen verteidigen den Ameisenhaufen.

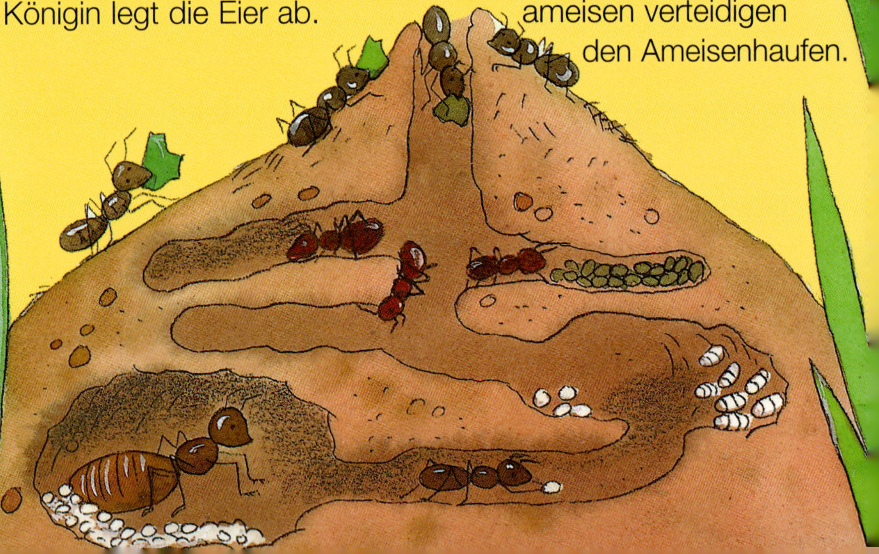

Wer legt bei den Bienen und den Ameisen die Eier?

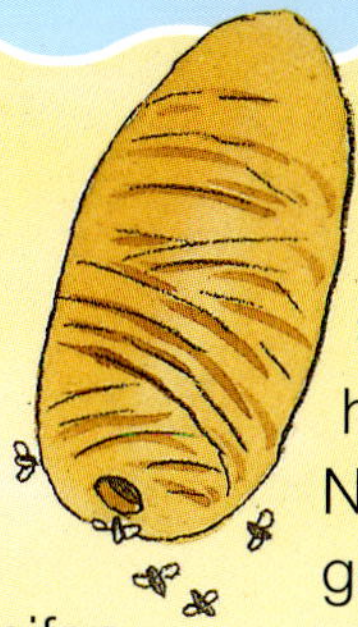

Die Wespe sieht der Biene sehr ähnlich, hat aber einen schlankeren Körper. Sie nascht an reifen Früchten und wehrt sich mit einem spitzen Stachel, der an ihrem Unterleib sitzt.

Schmetterlinge leben nur wenige Tage. Sie haben alle bunte Flügel. Nur die Nachtfalter sind grau-weiß.

Die Hausfliege ist ein wahrer Akrobat. Mit den Saugnäpfen an ihren Füßen kann sie an der Decke, an Türen oder Wänden entlangspazieren.

Der Maikäfer hat einen runden Körper und zwei große Fühler. Seine Flügel sind von einem weiteren Flügelpaar geschützt. Er kann nicht sehr hoch fliegen und legt seine Eier in der Erde ab.

Nur die Mückenweibchen stechen. Die Männchen naschen lieber Blütenstaub. Mücken halten sich oft in Wassernähe auf.

Den Grashüpfer sieht man im Sommer oft auf Feldwegen sitzen. Wenn er seine Flügel aneinander reibt, entstehen summende Töne.

Die Libelle ist eines der größten Insekten.

Marienkäfer sind rot, gelb oder schwarz. Sie haben unterschiedlich viele Punkte und zwei Flügelpaare.

Der Mistkäfer rollt aus Kuhfladen kleine Kugeln, in die das Weibchen seine Eier ablegt.

Ein Schmetterling entsteht

Das Weibchen legt seine Eier auf einer Pflanze ab.

Aus jedem Ei schlüpft eine Raupe, die Blätter und Früchte frisst.

Die Raupe wächst, hängt sich an einen Zweig und verwandelt sich in eine Puppe.

In der Puppe entsteht ein Schmetterling. Er verlässt die tote Hülle, trocknet seine Flügel und fliegt davon.

Tiere im Wald

Waldtiere bekommt man selten zu Gesicht, denn sie sind sehr scheu. Doch Pfoten- und Hufspuren oder Fellbüschel verraten, welche Wege sie nehmen.

Der Hirsch ist der König des Waldes. Im Frühling verliert er sein Geweih, das schnell wieder nachwächst. Die Hirschkuh bringt ein weiß geflecktes Hirschkalb zur Welt. Die Musterung verschwindet später. In der Brunftzeit ruft der Hirsch die Hirschkuh mit lauten Schreien. Man sagt, er röhrt.

Der Wolf jagt in einem großen Revier, wo ihm ausreichend Beute zur Verfügung steht. Wölfe heulen und tauchen oft im Rudel auf. Die Tiere bilden eine Reihe und laufen hintereinander her.

Der Luchs kommt in Tannenwäldern vor. Auf seinen Ohrspitzen sitzen kleine Haarbüschel, wodurch er besser hört. Am liebsten jagt er Kaninchen.

Was frisst der Braunbär am liebsten?

Das Wildschwein hat feste schwarze und graue Borsten. Nachts geht es auf Nahrungssuche. Das Weibchen heißt Bache, das Junge Frischling.

Der Fuchs lebt am Waldrand und versteckt sich in einem Erdbau. Füchse plündern gerne Hühnerställe und jagen Kaninchen.

Die Kuckucksmama legt ihr Ei in ein fremdes Nest. Eine andere Vogelmutter brütet den Nachwuchs aus. Nach dem Schlüpfen wirft der junge Kuckuck die anderen Eier aus dem Nest und wird von der Vogelmutter gefüttert.

Das Eichhörnchen baut aus dünnen Zweigen in Baumhöhlen ein Nest. Dort zieht es seine Jungen auf. Es frisst Knospen, Eicheln und Nüsse.

Meerestiere

Im Meer sind große und kleine Tiere: die winzige Krabbe ebenso wie der tonnenschwere Wal. Sie leben an der Wasseroberfläche, am Meeresboden, in Felsspalten oder tiefen Gräben.

Es gibt viele Haiarten. Der große Walhai ist ein Pflanzenfresser. Der weiße Hai ist sehr gefährlich. Manchmal greift er auch Menschen an.

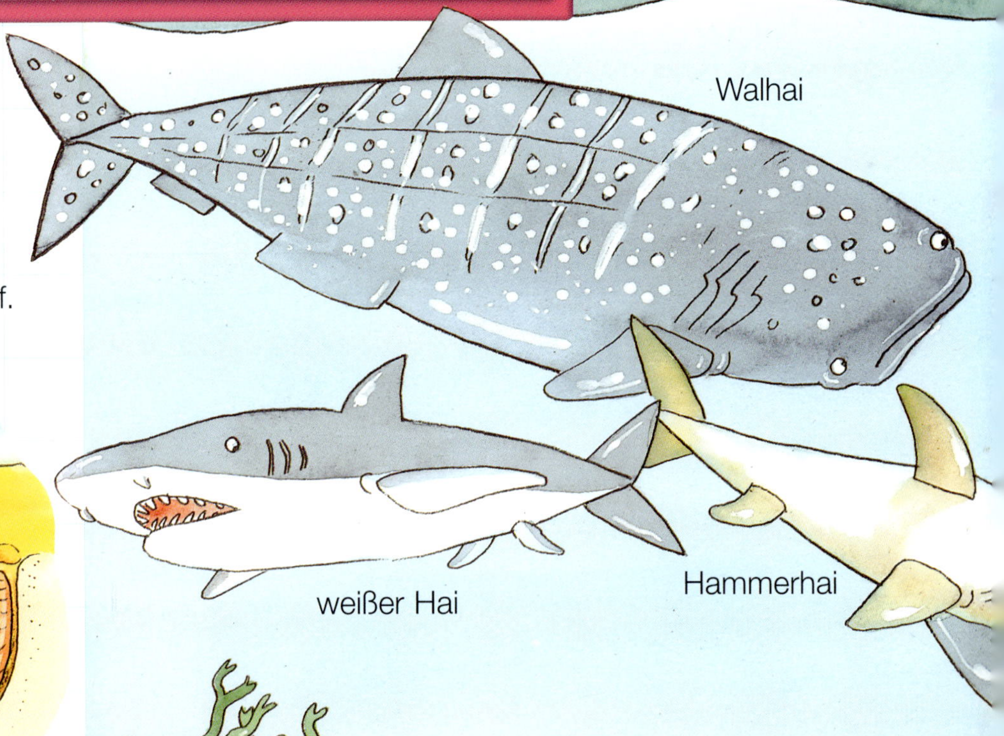

Der Wattwurm (1) wirft kleine Sandhäufchen auf.

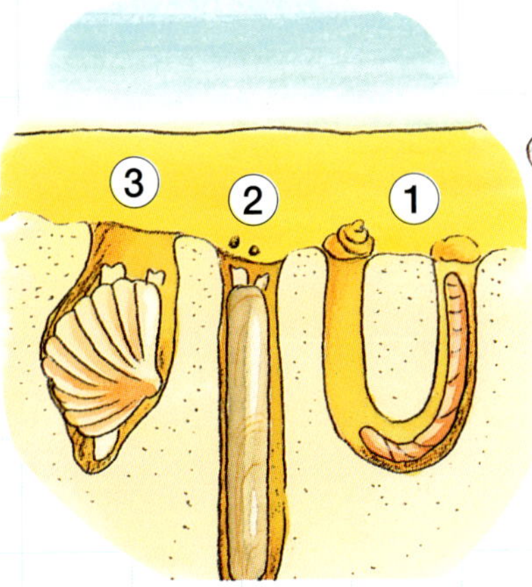

Muscheln und Schnecken: Die Jakobsmuschel lebt auf sandigem Untergrund. Austern, Strandschnecken, Miesmuscheln und Napfschnecken mögen Felsen. Scheiden- (2) und Kammmuscheln (3) vergraben sich im Sand.

Scholle und Rochen haben einen flachen Körper und verstecken sich im sandigen Meeresboden.

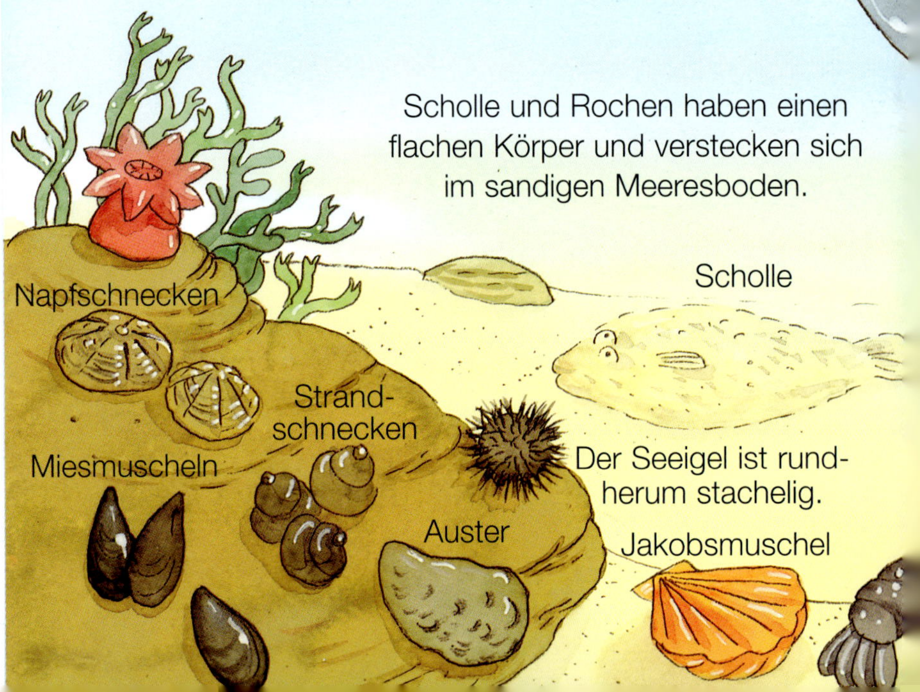

Der Seeigel ist rundherum stachelig.

Wie heißt der größte Hai?

Der Hammerhai mit seiner sonderbaren Kopfform ist ebenfalls recht angriffslustig. Er jagt kleinere Haie.

Krake und Tintenfisch haben scharfe Augen und können ihre Beute auch in der Finsternis erkennen.

Feuerquallen verursachen Verbrennungen, wenn man sie anfasst.

Bei Ebbe entstehen zwischen den Felsen kleine Pfützen. Mit einem Kescher kann man dort Krabben fischen. Unter den Steinen verstecken sich Taschenkrebse. Die Steine, die man hochhebt, muss man wieder an ihren Platz legen!

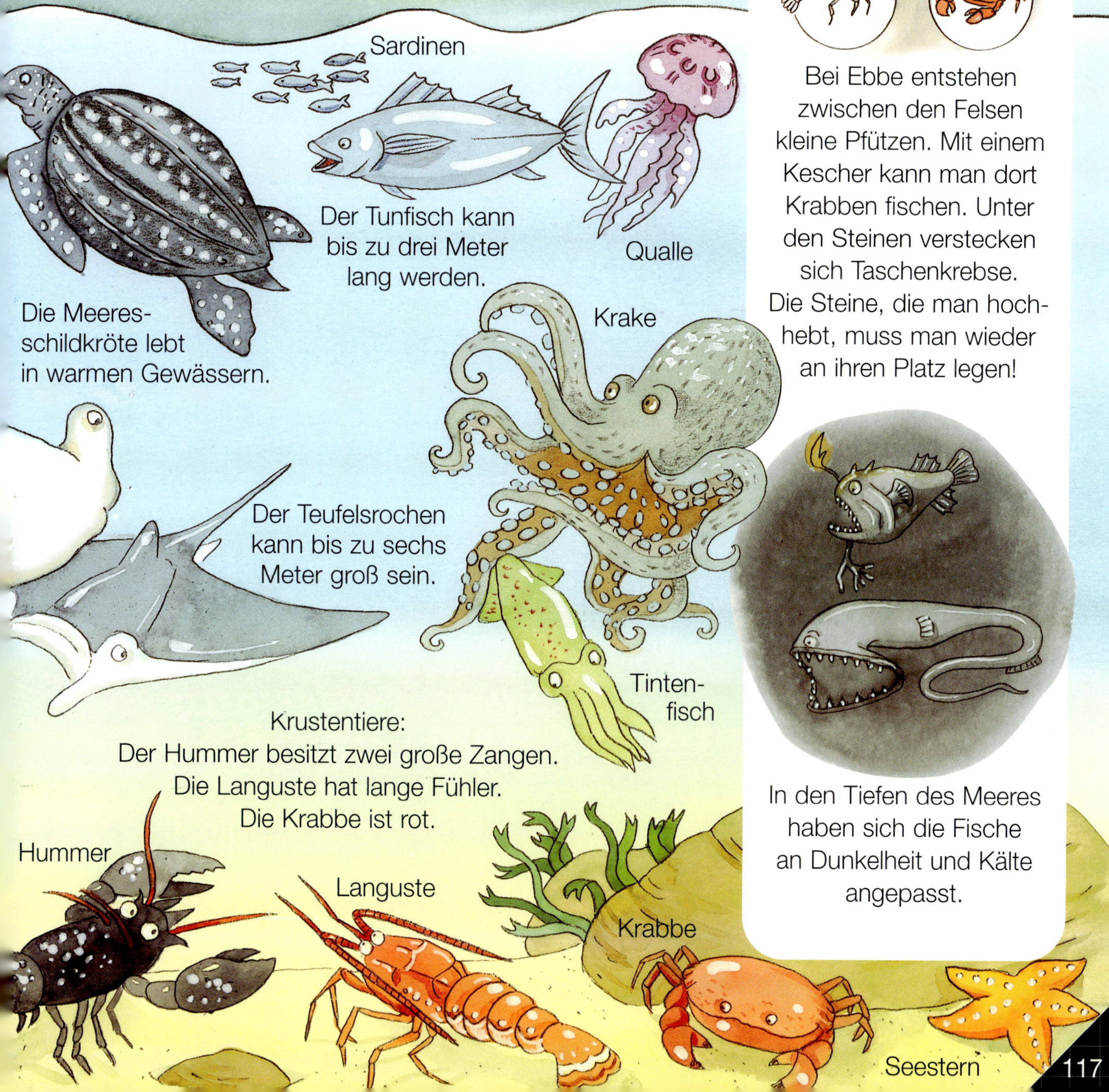

Der Tunfisch kann bis zu drei Meter lang werden.

Die Meeresschildkröte lebt in warmen Gewässern.

Der Teufelsrochen kann bis zu sechs Meter groß sein.

Krustentiere:
Der Hummer besitzt zwei große Zangen.
Die Languste hat lange Fühler.
Die Krabbe ist rot.

In den Tiefen des Meeres haben sich die Fische an Dunkelheit und Kälte angepasst.

Meeressäuger

Diese Meerestiere haben Lungen und können unter Wasser nicht atmen. Sie tauchen auf, um Luft zu holen. Meeressäuger gebären lebend Junge und säugen sie.

Blauwale sind die größten Tiere. Sie können bis zu 160 Tonnen schwer werden. Im Sommer halten sie sich im Eismeer auf, im Winter begeben sie sich mit ihren Jungen in wärmere Gewässer.

Wale haben ein Luftloch auf ihrem Kopf, durch das sie atmen. Schon von weitem sieht man die Fontäne, die durch das Ein- und Ausatmen entsteht.

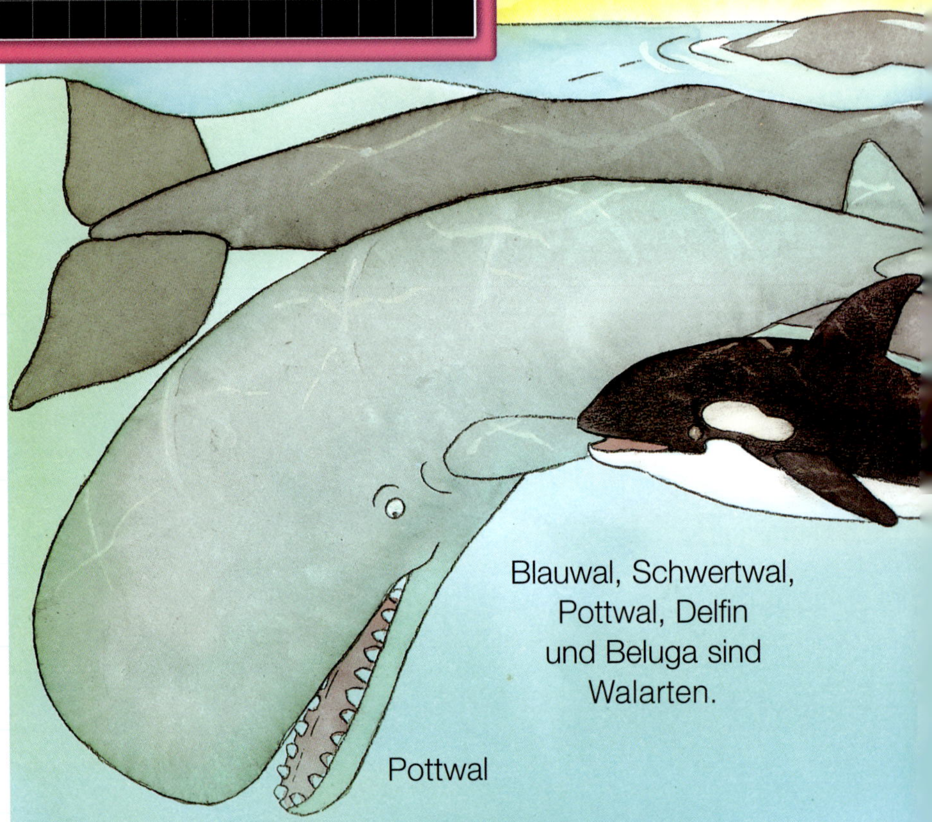

Blauwal, Schwertwal, Pottwal, Delfin und Beluga sind Walarten.

Bei seiner Geburt hat das Robbenbaby ein dichtes, schneeweißes Fell, das es warm hält. Wenige Monate später ändert sich die Farbe.

Der Seehund ist ein guter Schwimmer. An Land kann er nur kriechen. Der Schwertwal ist sein Feind.

Ohrenrobben bewegen sich an Land sehr flink. Sie sind mit den Seelöwen verwandt, die eine Mähne tragen.

Welche Farbe haben Robbenbabys?

Der Pottwal kann bis zu 3000 Meter tief tauchen. Seine Lieblingsspeise ist der Riesentintenfisch, den er aus tiefen Gräben angelt und in großen Mengen verschlingt.

Delfine können elegante Sprünge vollführen. Sie leben oft im Schwarm. Sie geben Töne von sich, die der Verständigung und der Orientierung dienen.

Schwertwal, Pottwal, Delfin und Beluga erfassen ihre Beute mit spitzen Zähnen.

Der Blauwal hat keine Zähne, sondern Barten, in denen sich kleine Tierchen verfangen. Die Barten sehen aus wie die Zacken eines Kamms.

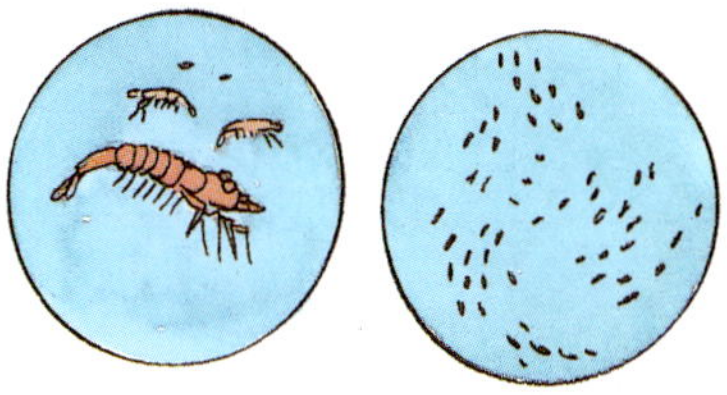

Blauwale ernähren sich von Fischen, Fischeiern, Larven, Krabben, Krebsen und Algen.

Der schwarz-weiße Schwertwal besitzt eine Rückenflosse, die über der Wasseroberfläche zu sehen ist.

Der Beluga ist bei seiner Geburt weiß-grau. Zwischen fünf und zwölf Jahren wird er völlig weiß.

Das Walross hat große Stoßzähne. Damit stöbert es im Meeresgrund Krebse auf, die es mit Vorliebe frisst.

Den Seeelefanten erkennt man an seiner lustigen, rüsselförmigen Schnauze.

Tiere der Gebirgs- und Polarregionen

In den Polarregionen herrscht klirrende Kälte. Doch die Tiere sind durch eine Fettschicht und ein dickes Fell vor dem frostigen Wetter geschützt. Auch in den Bergen kann es sehr kalt werden.

Tiere in Schnee und Eis

Der Moschusochse sieht einer großen Kuh ähnlich. Seine langen Haare reichen bis zu den Hufen und schützen ihn vor Kälte. Mit seinen spitzen Hörnern verteidigt er sich gegen Wölfe und Bären.

Im Winter scharren Rentier und Elch mit den Hufen oder dem Geweih etwas Schnee beiseite, um von dem dürren Gras zu fressen.

Der Eisbär ist ein ausgezeichneter Schwimmer. Sein Fell wehrt das eisige Wasser ab. Eisbären jagen Robben und verschlafen den Winter in einer Schneehöhle.

Der Polarfuchs ergattert die Beutereste des Eisbären.

Der Kaiserpinguin lebt am Südpol. Trotz seiner Flügel kann er nicht fliegen, aber er schwimmt wie ein Fisch.

Lemminge ähneln Meerschweinchen. Ihre Feinde sind die Füchse.

Leben Pinguine am Nordpol oder am Südpol?

Tiere im Gebirge

Der Yak lebt im Himalaja. Das ist das höchste Gebirge der Welt.

Adler bauen ihre Nester in Felsspalten. Mit den Klauen fangen sie Murmeltiere oder junge Gämsen.

Das Lama gehört zur selben Familie wie das Kamel. Es lebt in den Anden in Südamerika. Wenn es verärgert ist, spuckt es.

Der Kondor ist in den Bergen Südamerikas zu Hause.

Mufflon, Steinbock und Gämse steigen im Winter zur Nahrungssuche in die Täler hinab.

Die Schneeziege hat ein dickes Fell. Sie lebt in den Bergen Nordamerikas.

Das Murmeltier schläft den Winter über in seinem Erdbau.

Das Hermelin ist im Winter weiß und im Sommer braun.

Noch mehr Tiere

Tiere, die in Wüstenregionen zu Hause sind, müssen Trockenheit und Hitze aushalten können. Tiere, die in Regenwäldern leben, sind einem feuchtwarmen Klima ausgesetzt.

Australien

Australien ist eine große Insel auf der Südhalbkugel. Hier leben Tiere, die es sonst nirgendwo gibt, wie Koalas und Kängurus.

In der Sahara

Das Dromedar ist an das Wüstenleben bestens angepasst. Es kann Lasten kilometerweit tragen und braucht dabei nur wenig zu trinken.

Australien

Koala- und Känguruweibchen tragen ihre Jungen in einem Beutel spazieren.

In den Wälder

Welches Tier braucht in der Wüste nur selten etwas zu trinken?

Asien

In den feuchtwarmen Wäldern Asiens leben viele Tiere, die vom Aussterben bedroht sind. Dazu zählen der Orang-Utan und der Tiger. In China gibt es nur noch wenige Pandas.

Afrika

In den Wäldern Afrikas herrscht feuchte Hitze. Die Vegetation ist üppig und die Tierwelt artenreich. In der Sahara leben nur Tiere, die wenig Wasser und Nahrung brauchen.

Das Amazonasgebiet

Das feuchtwarme Amazonasgebiet liegt im Norden Südamerikas und ist die Heimat vieler Affenarten. Die kleinste Affenart ist die der Pinseläffchen.

Asiens

In den Wäldern Afrikas

Im Amazonasgebiet